머리말

"영리법인의 기존 장점인 사업의 연속성(계속기업)은 물론 절세와 명가의 세대간 가교 등으로 영리법인의 활용도가 증가되고 있다."
"부동산 전문 세무사, 법인 전문 세무사, 국세청 조사국 출신 세무사가 뭉쳤다."
"개인사업자, 자산가 및 고액 소득자, 기업 경영자, 재무 설계 전문가 및 컨설턴트에게 실질적인 도움을 주기 위해 쉽게 이해하도록 집필"

'왜 지금 영리법인인가?'

　영리법인은 단순히 사업의 연속성(계속기업)을 보장하는 것을 넘어, 이제는 사업가와 자산가에게 절세와 명가의 세대 간 가교 역할을 하는 핵심적인 도구로 자리 잡았습니다. 지금까지 영리법인은 개인사업자보다 법적 안정성이 높아 사업의 연속성을 보장받고, 외부 투자를 유치하거나 금융기관으로부터 신용도를 높이는 목적으로 주로 활용되어 왔습니다. 그러나 현재는 이러한 전통적인 장점과 더불어 절세와 세대 간 자산승계의 중요한 수단으로 그 활용도가 크게 증가하고 있습니다.

　오늘날 개인의 종합소득세율은 최고 45%(지방소득세 별도)에 달하고, 상속 및 증여세율 또한 10%에서 50%까지 부과됩니다. 반면, 법인세율은 9%에서 24%로 상대적으로 낮아 세율만 보더라도 법인을 활용하는 것이 유리합니다. 이 책은 이와 같은 법인과 개인 간의 세금 구조 차이를 명확히 보여주고, 영리법인을 통해 합법적으로 세금을 절감할 수 있는 다양한 방법을 제시합니다. 특히, 개인에게 직접 부과되는 건강보험료를 고려할 때 법인을 활용하는 것이 더 유리하다는 점을 강조합니다.

　또한, 이 책은 영리법인의 또 다른 중요한 기능인 '명가의 세대 간 가교'에 주목합니다. 명가(名家)란 최소 3세대 이상이 재정의 안정성을 기반으로 가문의 가치를 공유하며 사회에 이바지하는 가문을 뜻합니다. 이러한 명가의 기초는 바로 재정의 안정성이고, 그 핵심은 절세입니다. 영리법인, 특히 가족법인은 1세대가 이룩한 소중한 자산을 2세대로 이어주는 가교 역할을 성공적으로 수행하며, 가업승계 증여 특례,

• 2025 영리법인 200% 활용법

가족법인 설립, 부동산 저가 양도 등의 방법을 통해 각종 세금을 절세하여 자산을 안전하게 승계할 수 있도록 돕습니다.

이 책을 위해 각 분야 전문 세무사가 뭉쳤다.

이 책은 복잡하고 어려운 법인 활용법을 독자 여러분이 쉽게 이해하고 실제에 적용할 수 있도록, 각 분야의 전문가들이 머리를 맞대고 집필했습니다. 부동산 전문 세무사, 법인 전문 세무사, 그리고 국세청 조사국 출신 세무사가 뭉쳐, 현장에서 얻은 풍부한 경험과 깊이 있는 지식을 바탕으로 가장 실용적이고 명쾌한 해법을 제시합니다.

법인 설립 절차, 세금 관련 법령, 자산 승계 전략 등 법인 운영 전반에 걸쳐 독자가 궁금해하는 모든 것을 담았습니다. 단순히 이론적인 설명에 그치지 않고, 다양한 사례와 실제 계산 예시를 통해 독자가 자신의 상황에 맞는 최적의 솔루션을 찾을 수 있도록 구성했습니다.

이 책은 누구를 위한 책인가?

이 책은 다음과 같은 독자들에게 반드시 필요한 지침서가 될 것입니다.

* 개인사업자 : 법인 전환을 통해 세금 부담을 줄이고, 변화하는 경제 상황 속에서 안정적인 사업 운영을 모색하는 분.
* 자산가 및 고액 소득자 : 급변하는 세법과 자산 시장 속에서 상속·증여세 부담을 최소화하고, 다음 세대에 안정적으로 자산을 승계하고자 하는 분.
* 기업 경영자 : 불확실한 경영 환경 속에서 법인 운영의 효율성을 극대화하고, 재무 및 세무 리스크를 선제적으로 관리하고자 하는 분.
* 재무 설계 전문가 및 컨설턴트 : 고객에게 최신 세법을 반영한 심층적인 법인 활용 전략을 제공하고자 하는 전문가.

이 책을 통해 독자 여러분은 영리법인을 단순히 사업을 위한 도구로만 보는

머리말

시각에서 벗어나, 안정적인 재정과 성공적인 자산 승계를 위한 필수적인 파트너로 인식하게 될 것입니다. 2025년, 영리법인을 200% 활용하는 지혜를 이 책에서 찾으시길 바랍니다.

끝으로 이 책이 나오기까지 수고를 해주신 많은 분들께 거듭 감사합니다.

먼저, 이 책의 기획안을 보시고 흔쾌히 출판을 허락해 주신 ㈜더존테크윌의 김진호 대표이사님을 비롯한 임직원 여러분들께 진심으로 감사드립니다. 특히 이책 출간에 물심양면으로 도와주신 ㈜더존테크윌의 이태동 이사님께도 고맙습니다.

또한 추천사를 써준 피플라이프 CEO 클리닉 본부장이자 조영복 세무사와 같은 서울ROTC로타리클럽 회원인 김민호 동기에게도 감사합니다. 아울러 이 책 출간에 많은 격려와 지지를 보내주신 노행식 대한민국ROTC중앙회장님과 최신식, 양진영, 홍순욱, 황일증 서울ROTC로타리클럽 회장님 및 회원님께도 진심으로 고맙습니다.

아울러 저자 모두 가정이 있음에도 불구하고 이번에도 책 쓴다는 핑계로 주말에 나간 남편들에게 불평 한마디 하지 않은 사랑하는 아내와 가족들에게 감사의 인사를 드립니다.

이 책이 세상에 나오기까지는 공동저자 모두의 정성과 노력이 함께 했습니다. 공동저자의 한 사람임 배기완 세무사는 바쁜 일정에도 함께 해 주신 조영복 세무사님과 신준우 세무사님께 특별한 감사의 마음을 전합니다. 두 분의 열정과 배려가 큰 힘이 되었습니다. 이와 더불어, 집필이라는 긴 여정을 무사히 마칠 수 있도록 큰 힘이 되어준 사랑하는 아내 여주와 늘 마음 속에 품고 있는 딸 수아에게 고마움과 사랑의 마음을 전합니다.

아무쪼록 본서가 독자 여러분들의 소중한 재산을 지키는 것은 물론 자산 승계에 더 많은 도움이 되기를 바랍니다.

2025년 8월
저자 일동

• 2025 영리법인 200% 활용법

'2025 영리법인 200% 활용법'을 강력히 권합니다.

지난 23년간 개인 자산관리 및 법인 경영 컨설팅 분야에 몸담으며 수많은 기업과 개인의 재무적 성장을 함께 고민해 온 피플라이프 본부장으로서, 『2025 영리법인 200% 활용법』을 접하고 깊은 감명과 확신을 얻었습니다. 이 책은 변화하는 경제 환경 속에서 영리법인이 가진 잠재력을 극대화하고, 이를 통해 개인과 기업이 지속 가능한 성장을 이루는 데 필요한 실질적인 해법을 제시하고 있습니다.

왜 지금, 영리법인 활용에 주목해야 하는가?

개인사업자로서 일정 수준 이상의 수익을 달성한 분들이라면 높은 종합소득세율과 사회보험료 부담에 대한 고민이 클 것입니다. 이 책은 이러한 고민의 핵심을 정확히 짚어내며, 왜 영리법인이 절세와 자산 승계의 강력한 도구로 부상하고 있는지를 명쾌하게 설명합니다. 개인의 종합소득세율이 최고 45%(지방소득세 포함 시 49.5%)에 달하는 반면, 법인세율은 과세표준 2억 원 이하 시 9%(지방세 포함 시 9.9%)에 불과하다는 점은 영리법인 전환의 가장 큰 매력 중 하나입니다. 단순히 세율 차이를 넘어, 배당소득 가산(Gross-up) 및 배당세액 공제 등의 이중과세 배제 등 다양한 절세 혜택을 상세히 다루고 있어, 법인 운영을 통한 실질적인 세금 부담 경감 방안을 이해하는 데 큰 도움을 줍니다.

특히, 건강보험료와 같은 사회보험료 부담까지 고려한다면 법인을 활용하는 것이 개인에게 훨씬 유리하다는 점을 강조합니다. 더 나아가 '가족법인'의 개념을 도입하여, 단순히 사업의 영속성을 넘어 세대 간 자산 이전을 위한 교두보로서 영리법인의 활용 가능성을 제시하는 부분은 저의 오랜 컨설팅 경험과도 일맥상통하는 지점입니다. 명가가 최소 3세대 이상 재정의 안정성을 기반으로 가문의 가치를 공유하고 사회에 이바지하는 것임을 상기하며, 그 기초가 바로 '절세'에 있음을 설파하는 내용은 많은 기업가와 자산가들에게 깊은 울림을 줄 것입니다.

추천사

이 책은 영리법인의 정의와 주식회사, 유한회사, 합명회사, 합자회사 등 각 법인 형태의 특징을 상세히 설명하여, 독자가 자신의 사업 목적과 규모에 가장 적합한 법인 형태를 선택할 수 있도록 돕습니다. 특히, 국내 상법상 회사의 약 90%가 주식회사임을 언급하며, 주식회사 설립 시 필수 기관 및 외부 투자 유치에 유리한 점을 명확히 제시하는 부분은 법인 설립을 고려하는 이들에게 실질적인 가이드라인이 됩니다.

또한, 개인사업자가 영리법인으로 전환해야 하는 이유를 소득세법과 법인세법의 세율 차이 분석뿐만 아니라, 법인을 통한 퇴직금 적립의 중요성을 통해 구체화합니다. 법인 대표이사의 퇴직금이 법인세법상 손금(경비)으로 인정되어 법인세를 낮추고 개인에게 저율의 세율이 적용되는 퇴직소득으로 자금을 합법적으로 이전할 수 있는 장점은, 많은 사업자들이 간과할 수 있는 핵심적인 절세 전략입니다.

더불어, 필요경비 관리의 중요성을 강조하며 세금계산서, 현금영수증, 신용카드 전표 등 법적 증빙 수취의 중요성을 역설하는 부분은 실제 세무 관리에 있어 누락되는 경비를 최소화하고 절세 효과를 극대화하는 데 필수적인 지침이 됩니다. 이는 제가 현장에서 수많은 기업의 세무 관리 문제점을 진단하고 개선해 온 경험을 비추어 볼 때, 매우 현실적이고 중요한 조언이라 할 수 있습니다.

상속 및 증여세에 대한 심도 깊은 분석도 이 책의 큰 강점입니다. 증여세 과세대상, 반환 또는 재증여 시 과세 방법의 차이, 그리고 배우자 또는 직계존비속 간의 거래 시 증여 추정 등 복잡한 세법 내용을 사례와 함께 쉽게 설명하여 독자의 이해를 돕습니다. 특히 법인 증여의 경우 개인과 달리 합산과세가 적용되지 않는다는 점이나, 상속세 계산 시 사망 전 증여재산을 합산하는 기준(상속인에게 증여 시 사망 전 10년 이내, 상속인 외의 자에게 증여 시 사망 전 5년 이내 합산) 등을 명확히 제시하여, 전략적인 자산 승계 계획 수립에 큰 통찰을 제공합니다.

이 책은 단순히 영리법인에 대한 정보를 나열하는 것을 넘어, 독자들이 직면할 수 있는 실질적인 문제점과 그에 대한 명확한 해결책을 제시하고 있습니다. 다년간의 컨설팅 경험을 통해 저는 많은 사업자와 자산가들이 법인 운영과 관련하여 세금, 자산 관리,

• 2025 영리법인 200% 활용법

그리고 세대 승계 문제에 대한 막연한 두려움과 오해를 가지고 있음을 보아왔습니다. 이 책은 이러한 오해를 해소하고, 복잡하게 느껴지는 법인 활용의 전 과정을 체계적이고 실제적인 정보와 사례를 통해 쉽게 이해할 수 있도록 돕습니다.

『 2025 영리법인 200% 활용법 』은 다음과 같은 분들께 특히 강력히 추천합니다.

* 개인사업자 : 법인 전환을 고민하거나, 이미 법인 사업을 운영하고 있지만 절세 및 효율적인 자산 관리에 대한 더 깊은 이해를 원하는 분들께 필수적입니다.
* 자산가 및 고액 소득자 : 상속 및 증여세 부담을 줄이고, 자산을 체계적으로 다음 세대에 승계하고자 하는 분들께 실질적인 해법을 제시할 것입니다.
* 기업 경영자 : 법인 운영의 효율성을 높이고, 직원 및 임원 퇴직금 관리, 법인 자금의 합법적 이전 등 복잡한 재무 및 세무 문제를 해결하고자 하는 분들께 명확한 지침을 제공합니다.
* 재무 설계 전문가 및 컨설턴트 : 고객에게 더욱 심층적인 법인 활용 전략을 제공하고자 하는 전문가들에게도 훌륭한 참고서가 될 것입니다.

이 책은 영리법인을 단순히 세금 회피 수단이 아닌, 기업의 지속 가능한 성장과 가문 자산의 안정적인 승계를 위한 강력한 경영 도구로 인식하게 할 것입니다. 독자 여러분께서 이 책을 통해 영리법인의 진정한 가치를 발견하고, 이를 현명하게 활용하여 재무적 목표를 달성하시기를 진심으로 기원합니다.

피플라이프 CEO 클리닉 본부장
김민호

Contents

Chapter 01 왜 지금 영리법인이 주목받는가?

1. 영리법인은 절세와 명가의 세대간 가교 등으로 활용도가 증가되고 있다 ··· 15
   - 높은 세율 : 종합소득세와 상속 및 증여세의 절세 ········· 15
   - 높은 사회보험료 (4대보험) : 절감 ················ 16
   - 명가의 세대간 가교 ···························· 16
   - 자산승계 용이 ································ 17
   - 가족간 유대감 강화 ···························· 17
2. 영리법인이란 무엇인가? ···························· 18
   - 주식회사 ····································· 18
   - 유한회사 ····································· 19
   - 유한책임회사 ································· 20
   - 합명회사 ····································· 20
   - 합자회사 ····································· 21

Chapter 02 개인이 절세를 하기 위해서 영리법인이 필요한 이유를 간단히 고민해보자.

1. 소득세법과 법인세법에 따른 세율 차이 ················ 25
2. 법인을 통한 퇴직금 적립 ···························· 27
   - 해당 퇴직금 규정이 정관에 존재해야 한다. ········· 28
   - 고액의 퇴직금을 지급하기 위한 일시적 급여 인상은 과세관청에 의해서 부인 될 수 있다. ···························· 29
   - 퇴직금을 한 번에 지급할 수 있는 충분한 현금성 자산 등이 있어야 한다.

• 2025 영리법인 200% 활용법

.... 30
3. 법인을 통한 급여 전략 및 4대보험 절세 ············· 32
4. 수익 분산을 위한 법인 활용 ······················ 35

Chapter 03 (종합)소득세 절세

1. 세금 구조(소득세율 vs 법인세율) ······················ 41
2. 소득세법상의 절세 방법 ···························· 45
   ■ 소득의 구분 ································· 45
   ■ 일반과세자와 면세사업자의 구분 ············· 47
3. 법인전환을 통한 소득세 절세 방법 ················· 54
4. 성실신고확인대상 소규모법인과 소득 분산 ········ 56
   ▶ 세법상 성실신고확인대상 소규모법인이란? ········· 57

Chapter 04 4대보험료 절세

.... 63

Chapter 05 영리법인을 이용한 증여세 절세

1. 일반적인 증여 ····································· 69
   ■ 증여의 정의와 증여세 ························ 69
   ■ 증여세 개요 ································· 70
   ■ 증여세 과세대상 ····························· 74
   ■ 증여세 비과세 과세가액 불산입 재산 ········· 77

Contents

- ■ 증여세 과세가액 ··· 79
- ■ 증여세 과세표준 ··· 84
- ■ 세액계산과 공제감면세액 ····························· 89
- ■ 증여재산평가 ··· 91
2. 영리법인을 이용한 증여 ································· 95
  - ■ 세율 ··· 95
  - ■ 합산과세 ··· 99
3. 법인에 증여시 주주에게 증여세 부과 ·············· 104
  - ■ 특정법인과의 거래를 통한 이익의 증여의제 ····· 104
  - ■ 사례 ··· 108
  - ■ 시사점 ·· 112
4. 법인 활용 방안 ·· 113
  - ■ 법인의 유용성 ··· 113
  - ■ 사례 ··· 113

Chapter 06 영리법인을 이용한 상속세 절세

1. 일반적인 상속 ·· 119
  - ■ 민법상 상속제도 ······································ 119
  - ■ 상속세 개요 ·· 123
  - ■ 상속세 과세대상 ······································ 125
  - ■ 상속세 과세가액 ······································ 129
  - ■ 상속세 과세표준과 상속공제 ···················· 133
  - ■ 세율 및 세대생략 할증세액 ······················ 139
2. 영리법인을 통한 상속 ··································· 141

• 2025 영리법인 200% 활용법

- 개인과 법인에 상속 방법 ········ 141
- 개인과 법인에 상속 시 차이점 ········ 141
- 법인에 상속 시 세법상 규제 ········ 145
- 법인 활용 방안 ········ 148

Chapter 07 법인 설립 절차

- 자본금 규모 ········ 155
- 주주 구성 ········ 156
- 법인의 주주와 채권자 비교 ········ 156
- 대표이사 ········ 161
- 업종 ········ 166
- 법인의 주소지 ········ 167
- 법인 주소지와 (부동산 구입시 발생하는) 취등록세 ········ 168
- 법인설립 과정 ········ 169

Chapter 08 법인 자산 및 비용 관리 방법

1. 비용 관리의 중요성 ········ 175
2. 비용의 예시 ········ 176
   - 인건비 ········ 176
   - 기업업무추진비(접대비) ········ 178
   - 복리후생비 ········ 180

Contents

Chapter 09 법인 세무조사 사례

1. 법인 자금 유용 ··· 185
   - ■ 개인과 법인은 별개 ·· 185
   - ■ 세무조사 사례 ·· 185
2. 영리법인(MSO) 거래 사례로 본 세금 추징 ······························· 187
   - ■ MSO(Management Services Organization) ······················· 187
   - ■ 병원과 MSO의 관계 ··· 187
   - ■ MSO 구조가 발생한 이유 ·· 187
   - ■ 계약의 형태 ··· 188
   - ■ MSO 법인 세무조사 사례 ·· 188

CHAPTER 1

2025 영리법인 200% 활용법

왜 지금 영리법인이 주목받는가?

Chapter 01 왜 지금 영리법인 주목받는가?

1. 영리법인은 절세와 명가의 세대간 가교 등으로 활용도가 증가되고 있다

요즘 영리법인의 관심이 뜨겁다. 지금까지 영리법인은 개인사업자보다 법적 안정성이 높아, 사업의 연속성(계속기업)을 보장받고 외부 투자 유치나 금융기관으로부터 신용도 향상 등으로 사업자들이 어느 정도 업력이 쌓이면 영리법인을 개인사업자보다 많이 운영해왔다.

그런데, 영리법인은 사업의 안전성은 물론 절세와 명가의 세대 간 가교 등으로 활용도가 증가하고 있다.

높은 세율 : 종합소득세와 상속 및 증여세의 절세

개인의 종합소득세는 세율이 6~45%(지방소득세 별도)이며 상속세 및 증여세의 경우 10~50%이다. 그러나 법인세는 9~24%로 세율만 보더라도 법인세가 적다. 물론 법인의 개인 주주의 경우, 법인세는 물론 배당 시 종합소득세까지 감안하면 절세가 안 될 수도 있다는 주장이 있다. 그러나 배당소득 가산(Gross-up) 및 배당세액 공제 등의 이중과세 배제와 이자와 배당을 합산하여 연간 2,000만 원 이하로 배당하면 분리과세 등으로 절세 혜택을 계속 이어갈 수 있다.

높은 사회보험료(4대보험) : 절감

개인에게만 직접 부과되는 건강보험료까지 고려한다면 법인을 활용하는 것이 유리하다. 영리법인 중 하나의 형태인 가족법인(영리법인 중 주주가 전부 부모와 자녀 등 가족으로 구성된 법인을 '가족법인'이라 하자)을 운영한다면 자녀가 직장을 다니거나 다른 소득 있는 경우에는 가족법인의 이익을 배당하기보다 가족법인에 쌓아두는 것이 좋다. 훗날 직장을 관두거나 소득이 대폭 줄면 가족법인에 임직원으로 등록해 급여를 받으면 4대보험과 종합소득세를 줄일 수 있다.

명가의 세대 간 가교

가족법인은 이른바 명가의 토대가 될 수 있다. 명가는 최소 3세대 이상이 재정의 안정성을 기반으로 가문의 가치를 공유하고 사회에 이바지하는 가문이다. 명가를 이루는 기초는 재정의 안정성인데, 재정의 안정성의 핵심은 절세이다.

1세대는 창업을 하는 등 명가의 기초가 된다. 1세대 창업자는 법인설립 및 사업자등록부터 시작하여 성장기, 성숙기를 거쳐 2세대에게 넘겨줄 준비를 한다.

2세대는 가업승계 증여특례, 가족법인 설립, 가족법인에게 증여 및 상속, CEO 플랜, 부동산 저가 양도 등으로 각종 세금을 절세하여 1세대가 이룩한 소중한 자산을 2세대가 이상 없이 이어받도록 한다.

3세대는 명가의 마무리이자 새로운 시작이다. 모든 전문가 그룹과 협업하여 공익재단 설립, 가족간 가문의 핵심가치 공유 등을 통해 명가가 뿌리 내리도록 한다.

위와 같이 가족법인은 1세대가 이룩한 소중한 자산을 2세대로 이어주는 가교 역할을 수행한다.

자산승계 용이

법인은 개인보다 자산승계가 용이하다. 법인을 통해 자산을 다음 세대로 효율적으로 승계할 수 있으며, 법인 형태로 자산을 관리하면 상속세 부담을 줄이는 동시에 조직적으로 자산을 관리할 수 있다. 또한 법인으로 자산승계가 이루어지면 의사결정이 빨라진다. 예를 들어, 개인으로 부동산을 공동명의로 상속이 이루어졌다면 일괄매도시 지분자간 갈등으로 매매계약 자체가 성사되지 않을 수 있으나 법인의 경우, 이사회에서 지분이 큰 주주의 의사결정대로 성사 될 가능성이 크다.

가족 간 유대감 강화

또한 가족법인을 설립하고 가족법인을 통해 증여와 상속이 이루어지는 과정에서 주주 간 가족들의 참여도가 높아진다. 가족들이 가족법인의 성장과 더불어 가족법인의 재무상태 등의 공통 관심사를 대화하는 과정에서 가족 간의 유대감이 강화된다.

2 영리법인이란 무엇인가?

영리를 목적으로 설립한 법인을 영리법인이라 하는데, 단순히 수익사업을 하는 것만이 아니라 그 이익을 구성원에게 분배하는 것을 목적으로 한 법인을 말한다. 영리법인은 모두 사단법인으로, 상법상의 회사인 합명회사, 합자회사, 주식회사, 유한회사 등이 이에 해당하며, 영리법인은 사단법인으로만 인정되고 재단법인의 설립은 허용되지 않는다.

상법에서 정의하는 회사는 대외적 활동을 통해 이익을 추구하고 취득한 이익을 사원에게 배당의 형태로 분배하는 조직을 말한다. 이때 사원(社員)은 회사에 고용된 근로자를 의미하는 것이 아닌 회사의 구성원을 의미한다는 점을 잊지 말자.

주식회사

주식회사는 사원인 주주의 출자로 이루어지는 회사를 말한다. 주식회사는 말 그대로 주식으로 자본금을 균일하게 나눈다. 또, 모든 주주는 주식의 인도한도 내에서만 출자 의무를 부담하고, 회사의 채무 문제에 대해서는 직접적인 책임을 지지 않아도 된다.

주식회사에는 법률상 필수적으로 의사결정기관인 '주주총회', 업무 집행과 대표기관인 '이사회' 및 '대표이사'와 감독기관인 '감사(監事)' 등의 기관이 존재해야 한다. 외부로부터 투자가 반드시 필요한 업종이라면, 주식회사가 적합하다. 우리나라의 상법상 회사의 약 90%가 주식회사다. 따라서 우리나라에서는 영리법인을 주식회사라고 해도 무방하다.

> **참고자료**
>
> **MSO법인**
>
> MSO(Management Service Organization)법인은 의료법인과 의사를 포함한 다수의 투자자에 의해 설립되어 의료기관에 의료장비 대여 및 구매 대행, 경영컨설팅 제공, 인력 관리, 진료비 청구, 마케팅 대행 등의 서비스를 제공하고 그 대가로 의료기관의 매출액, 또는 이익의 일정비율을 수입으로 얻는 법인을 말한다.
>
> 의료법인과 의사는 본연의 진료에 주력하고 병의원의 행정업무, 예를 들면 건강보험 청구 및 심사평가원 업무, 인력채용, 퇴사, 급여 퇴직금 등의 노무관리 업무, 홈페이지 및 고객관리를 위한 광고 및 마케팅 업무, 의료기기 판매 및 리스 및 의약품 및 소모품 구매 업무, 건강기능식품 및 의약품 판매 업무, 주차장 관리 및 수입 업무, 상표권 및 특허권 출원 및 유지관리 업무, 네트워크 병의원 운영업무, 회계 및 세무관리 업무 등을 MSO법인에게 위탁하여 업무의 효율성을 도모한다.
>
> 아울러 MSO법인은 절세 목적의 법인으로 활용되기도 한다. 앞의 주차장 수입, 네트워크 병의원의 관리수입, 의료기기 판매 및 렌탈, 의약품 판매 수입 등 의사의 소득금액에 합산되어 소득세율을 높이지 않고 MSO법인과의 합법적 거래로 소득금액 분산으로 절세효과를 실현할 수 있다.

유한회사

유한회사는 1인 이상의 유한책임사원으로 구성된 회사이다. 사원이 회사에 대해 출자 금액만큼만 책임을 지고, 회사채권자에 대해서는 어떠한 책임도 지지 않는다. 유한회사는 비교적 설립이 용이하고 설립비용이 소액인 동시에, 주식회사보다 조직이 간단하고 외부 회계감사 등의 요건이 더 엄격하여 외부 회계감사 대상 회사 수가 주식회사에 비해 상당히 적다.

그러나, 주식회사와 달리 주식이나 회사채를 발행해 자본을 모을 수 없다. 그렇기 때문에 대규모 자본을 모집할 필요가 없는 형태의 사업, 혹은 설립자가 충분한 자본을 가지고 투자하는 사업에 적합한 형태이다. 회사명 앞에

(유)가 붙는 점도 함께 알아 두자. 국내에서는 외국계 기업 국내 현지법인에 유한회사가 많다.

유한책임회사

유한책임회사는 2011년 개정상법으로 신설된 회사 종류로, 기본적으로 유한회사와 같은 구조를 가지고 있다. 1인 이상 50명 이하의 유한책임사원으로 구성되며, 출자자가 회사 경영에 참여할 수 있다.

유한책임회사는 주식회사처럼 출자자들이 유한책임을 지지만 이사나 감사 등을 선임하지 않아도 되기 때문에, 설립과 운영 면에서 자치권을 폭넓게 인정받을 수 있는 회사 종류이다.

그래서 벤처기업이 유한책임회사에 적합하다.

합명회사

합명회사는 2인 이상의 무한책임사원으로만 구성된 일원적 조직의 회사이다. 여기서 무한책임이란 경영 참여, 업무 집행, 회사 대표, 채무에 대한 무한적인 책임을 뜻한다. 합명회사는 2인 이상의 사원이 공동으로 정관(회사의 조직과 활동을 정하는 근본규칙)을 작성하고 설립등기(법인을 설립하기 위해 하는 등기)를 하게 된다.

합명회사는 사원 모두가 회사의 채무에 대하여 직접 연대하여 무한책임을 지는 구조이기 때문에, 서로 간에 신뢰가 강한 소규모 회사, 동업 등에 주로 활용되는 형태이다.

합자회사

합자회사는 무한책임사원과 유한책임사원 각 1인 이상으로 구성된 이원적 조직의 회사이다. 주로 무한책임사원이 회사를 책임지고 경영하는 역할을, 유한책임사원이 자본을 제공하여 사업에서 생기는 이익 분배에 참여하는 역할을 한다. 유한책임이란 회사가 파산할 때 투자자가 자신이 자금을 낸(출자) 부분만큼만 책임을 지는 것을 말한다.

합자회사에서는 유한책임사원이 자신의 지분을 제3자에게 양도하고 싶을 때 무한책임사원 전원의 승인을 받아야 하는데, 이러한 특성으로 투자자가 바뀌는 것을 원치 않는 경우, 인적 폐쇄성을 유지하고 싶을 경우 등에 주로 활용되는 회사 형태이다.

참고자료

비영리법인

비영리법인이란 공익 그밖에 영리 아닌 사업을 목적으로 하여 설립된 법인을 말한다. 다만, 비영리사업을 목적으로 하는 범위 내에서 그 목적달성을 위하여 부수적으로 영리행위를 하는 것은 인정이 된다.

비영리법인은 주로 민법에 의하여 규율이 되는데, 특별법에 의하여 성립하는 특수 비영리법인도 많이 존재 한다. 민법 제32조는 "학술, 종교, 자선, 기예, 사교 기타 영리 아닌 사업을 목적으로 하는 사단 또는 재단은 주무관청의 허가를 받아 이를 법인으로 할 수 있다"라고 규정하여 허가주의를 채택하고 있다.

비영리법인이라고 해서 반드시 불특정 다수인을 위한 '공익'을 목적으로 활동해야 하는 것은 아니다. 예를 들면 향우회, 동창회와 같은 사교를 목적으로 하는 비영리법인의 설립도 가능하다.

비영리법인에서 말하는 '영리 아닌 사업'의 핵심은 법인사업에서 발생한 이익이 구성원에게 분배해서는 안 된다는 점이다. 따라서 구조적으로 이익을 배분할 구성원이 없는 재단법인에 있어서는 언제나 비영리재단법인만 인정되고, 사단법인의 경우는 이익분배 유무에 따라 영리사단법인과 비영리사단법인으로 나누어지는 데, 민법을 설립근거 법률로 하여 설립하기 위해서는 반드시 '사업목적의 비영리성'이 인정되어야만 허가를 받을 수 있다.

한편 비영리법인이라도 수익사업에 관해서는 영리법인과 동일하게 세법의 규정을 적용받는다. 즉 필요한 자금 확보를 위하여 수익사업을 했을 경우, 그 사업경영 범위 내에서 법인세를 납부할 의무를 지게 된다.

CHAPTER 2

2025 영리법인 200% 활용법

개인이 절세를 하기 위해서 영리법인이 필요한 이유를 간단히 고민해보자.

Chapter 02 개인이 절세를 하기 위해서 영리법인이 필요한 이유를 간단히 고민해보자.

1. 소득세법과 법인세법에 따른 세율 차이

개인은 소득세법에 따른 소득세율을 적용받지만, 법인은 법인세법에 따른 법인소득세율을 적용받는다.

문제는 해당 세율의 차이가 크다는 것이다. 개인 소득세율은 법인 세율보다 높은 누진세율을 적용받는다.

개인은 최고 45%(지방세 포함 시 49.5%)의 세율을 부과받지만, 법인은 과세표준 2억 원 이하는 9%(지방세 포함 시 9.9%)의 세율을 적용받는다.

법인 세율 최고 세율은 24%(지방세 포함 시 26.4%)로 해당 세율이 적용되려면 과세표준이 3,000억 원이 넘어야 한다.

예를 들어 과세표준이 2억 원 정도일 경우 단순하게 보면 개인은 35%(38.5% 지방세 포함) 누진세율이 적용되지만, 법인은 9%(9.9% 지방세 포함)의 세율을 적용받게 된다.

이런 이유로 순수익이 높아질수록 법인을 통해서 소득을 쌓는 것이 유리하게 되는 경우가 많다.

종합소득세 세율(2023년~2024년)

과세표준	세율	누진공제
14,000,000원 이하	6%	-
14,000,000원 초과 50,000,000원 이하	15%	1,260,000원
50,000,000원 초과 88,000,000원 이하	24%	5,760,000원
88,000,000원 초과 150,000,000원 이하	35%	15,440,000원
150,000,000원 초과 300,000,000원 이하	38%	19,940,000원
300,000,000원 초과 500,000,000원 이하	40%	25,940,000원
500,000,000원 초과 1,000,000,000원 이하	42%	35,940,000원
1,000,000,000원 초과	45%	65,940,000원

법인세 세율(2023년~2024년)

법인종류	과세표준	세율	누진공제
영리법인	0~2억 이하	9%	-
	2억 초과 ~ 200억 이하	19%	2,000만원
	200억 초과 ~ 3,000억 이하	21%	42,000만원
	3,000억 초과	24%	942,000만원
비영리법인	0~2억 이하	9%	-
	2억 초과 ~ 200억 이하	19%	2,000만원
	200억 초과 ~ 3,000억 이하	21%	42,000만원
	3,000억 초과	24%	942,000만원

2. 법인을 통한 퇴직금 적립

개인사업자의 경우는 퇴직금의 적립이 불가능하다. 하지만, 법인 대표이사의 경우는 임원 퇴직금 적립이 가능하다. 특히, 퇴직금의 경우 저율의 세율을 적용받으면서 종합소득세 과세가 되지 않는 소득이기에 이를 활용하여 법인세를 낮추고 개인에게 법인의 자금을 합법적으로 이전 할 수 있는 장점이 있다.

아래의 도표를 보면 법인세법상 손금(경비)으로 인정받는 경우는 법인세를 낮추면서 개인 소득세법상 종합과세되지 않는 퇴직소득으로 부의 이전이 가능하다(다만, 소득세법상 퇴직금 한도를 초과하는 경우는 종합과세되는 근로소득으로 과세된다.).

■ 임원 퇴직소득금액

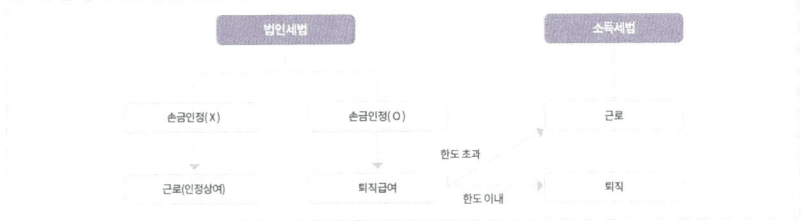

* 법인세법에서 손금인정 받는 퇴직급여라도 소득세법상 퇴직금 한도를 초과하면 퇴직소득세가 아닌 근로소득세로 과세된다.

법인 대표이사의 퇴직금이 경비로 인정받기 위해서는 다음 사항을 준수해야 한다.

해당 퇴직금 규정이 정관에 존재해야 한다.

정관에 퇴직급여(퇴직위로금 등을 포함)로 지급할 금액이 정해진 경우에는 정관에 정해진 금액으로 손금 산입가능하다.

이 경우 정관에 임원의 퇴직급여를 계산할 수 있는 기준이 기재된 경우를 포함하며, 정관에서 위임된 퇴직급여 지급 규정이 따로 있는 경우에는 해당 규정에 따른 금액으로 계산한다. 다만, 다음의 한도 내에서만 소득세법상 퇴직소득으로 인정된다(한도를 초과하는 부분은 근로소득으로 과세된다.).

$$\text{'19.12.31.부터 소급하여 3년* 동안 지급받은 총급여의 연평균환산액} \times \frac{1}{10} \times \frac{\text{'12.1.1~'19.12.31까지의 근무기간(月)}}{12} \times 3 \;+$$

$$\text{퇴직한날부터 소급하여 3년** 동안 지급받은 총급여의 연평균환산액} \times \frac{1}{10} \times \frac{\text{2020년 1월 1일 이후의 근무기간(月)}}{12} \times 2$$

* '12.1.1.~'19.12.31. 까지의 근무기간이 3년 미만인 경우 해당 근무기간
** 20년 1월1일~퇴직일까지의 근무기간이 3년 미만인 경우 해당 근무기간
※ 근무기간 : 개월수로 계산(1개월 미망의 기간이 있는 경우 1개월로 봄)
※ 총 급여 : 소득세법 제20조 제1항 제1호 및 제2호에 따른 근로소득(비과세소득은 제외)을 합산
※ 정관에 임원 퇴직금에 대한 규정이 존재할 경우 2019년 이전의 경우는 그 배수를 3배로 할 수 있었다. 하지만, 과도한 퇴직금이라는 비판으로 인해 2020년부터는 그 배수를 2배로 제한하게 되었다.

그 외의 경우(정관 등에 없는 경우)에는 그 임원이 퇴직하는 날부터 소급하여 1년 동안 해당 임원에게 지급한 총급여액의 10분의 1에 상당하는 금액에 근속연수를 곱한 금액을 손금 산입한다.

> 임원의 퇴직급여액 한도 = 1년간 총급여액* × 1/10 × 근속연수**

* '12.1.1.~'19.12.31. 까지의 근무기간이 3년 미만인 경우 해당 근무기간
** 20년 1월1일~퇴직일까지의 근무기간이 3년미만인 경우 해당 근무기간
※ 근무기간 : 개월수로 계산(1개월 미망의 기간이 있는 경우 1개월로 봄)
※ 총 급여 : 소득세법 제20조 제1항 제1호 및 제2호에 따른 근로소득(비과세소득은 제외)을 합산

고액의 퇴직금을 지급하기 위한 일시적 급여 인상은 과세관청에 의해서 부인 될 수 있다.

아래 대법원 판례를 참고하면 해당 내용을 확인할 수 있다.

관련판례

▶ **법인 자금을 분여하기 위한 일시적 방편에 불과한 지급 규정에 의한 퇴직금은 법인세법상 손금 대상 아님**(대법원 2015두53398)

임원에게 지급할 퇴직급여의 금액 또는 그 계산 기준을 정한 정관이나 정관에서 위임된 퇴직급여 지급규정(이하 통틀어 '임원 퇴직급여규정'이라 한다)에 따라 지급된 임원 퇴직급여는 원칙적으로 그 전액이 손금에 산입되는 것이나, 임원 퇴직급여 규정이 종전보다 퇴직급여를 급격하게 인상하여 지급하는 내용으로 제정 또는 개정되었고, 그 제정 또는 개정에 영향을 미칠 수 있는 지위에 있는 자 또는 그와 가족관계 등 밀접한 관계에 있는 자가 퇴직임원으로서 그와 같이 급격하게 인상된 퇴직급여를 지급받게 되었으며, 그에 따라 실제로 지급된 퇴직급여액이 해당 퇴직임원의 근속기간과 근무내용 또는 다른 비슷한 규모의 법인에서 지급되는 퇴직급여액 등에 비추어 볼 때 도저히 재직기간 중의 근로나 공헌에 대한 대가라고 보기 어려운 과도한 금액이고, 그 규정 자체나 해당 법인의 재무상황 또는 사업전망 등에 비추어 그 이후에는 더 이상 그러한 과도한 퇴직급여가 지급될 수 없을 것으로 인정되는 등 특별한 사정이 있는 경우에는, 그와 같은 임원 퇴직급여 규정은 실질적으로 근로 등의 대가를 지급하기 위

한 것이 아니라 퇴직급여의 형식을 빌려 특정 임원에게 법인의 자금을 분여하기 위한 일시적 방편에 불과한 것으로서 법인세법 시행령 제44조 제4항 제1호 또는 제5항에서 정한 임원 퇴직급여 규정에 해당하지 아니한다고 볼 것이므로, 이 경우에는 법인세법 시행령 제44조 제4항 제2호에 따라 산정한 금액을 초과하는 부분은 퇴직급여로 손금에 산입될 수 없다고 할 것이다.

퇴직금을 한 번에 지급할 수 있는 충분한 현금성 자산 등이 있어야 한다.

참고자료

근로소득세와 퇴직소득세 비교

◆ 10년간 근속하고, 연봉 1.2억 원인 경우 퇴직소득세 추정액

계산내용	금액
퇴직소득	98,737,345원
근속연수 공제	17,500,000원
환산급여	88,622,558원
환산급여별 공제	55,442,406원
퇴직소득 과세표준	33,180,152원
환산 산출세액	3,897,022원
산출세액	3,572,270원

* 지방세 10% 추가
* 월 10,000,000원 받는 근로자의 퇴직소득세 계산

◆ 연봉 1.2억 원인 경우 근로소득세 추정액

계산내용	금액
근로소득	120,000,000원
산출세액	13,464,240원

⇒ 퇴직소득세가 근로소득세보다 약 1,000만원 이상 적다.

* 부양가족 4명으로 단순 계산
* 간이세액표에 따른 근로소득세 1,122,020원/월
* 1,122,020월 × 12개월 = 13,464,240원
* 지방세 10% 추가

3 법인을 통한 급여 전략 및 4대보험 절세

개인사업자는 소득이 발생하면 발생연도에 모든 세금을 내야 한다. 즉, 소득을 이연시킬 수 없다.

법인은 이익이 발생하면 저율의 법인세를 부담하고, 해당 자금이 개인으로 이전될 때(ex. 급여) 해당 개인이 소득세를 부담하게 된다.

이때 급여를 적정하게 지급하게 된다면 과도한 세금을 피할 수 있게 된다.

예를 들어, 어떤 사업을 통해서 5억 원의 이익이 발생하였을 때 개인사업자는 5억 원에 대해서 당해연도에 종합소득세를 내게 된다. 하지만, 법인의 경우, 대표이사로서 매년 1억 원의 급여를 가져간다면, 법인이 이익이 많이 발생한다고 하더라도 개인의 근로소득세 변동은 크지 않을 수 있다.

또한, 개인이 급여를 받게 되면 근로소득공제 등 근로소득자만이 받을 수 있는 절세 혜택을 받을 수 있다. 예를 들어, 의료비나 교육비 등은 대부분의 경우 근로자만이 그 혜택을 받을 수 있다.

[요 약]

▶ **개인사업자**
5억 원 이익 → 종합소득세 최고세율(45%) 적용 → 약 2억 이상의 세금 부담

▶ **법인사업자**
1차 법인세 과세 : 5억 원의 이익에 법인세율 9~19% 적용 → 법인이 세금 부담
2차 급여로 소득 이전 → (매년 1억 원씩 연봉 지급) 대표는 근로소득세 부담
  (세율은 낮고 공제 혜택 있음)

▶ 대표에게 급여 지급시 법인은 비용 처리 가능 → 법인세 절감
▶ 대표는 근로소득공제, 인적공제, 세액공제 등 근로소득자 혜택 가능

▶ 대표는 연금·의료비·교육비·기부금 등 세액공제 항목 적용 가능

■ 건강보험료 비교

(1인 개인사업자)지역가입자	(법인 대표)직장가입자
2억 원 전액 과세	1억 원에 과세 / 1억 원은 법인 유보
1,300,000원	588,460원

* 지역가입자의 경우 재산 등의 상황에 따라서 금액 변동 가능
* 위의 사례는 단순히 지역가입자가 직장가입자보다 많은 보험료를 부담한다는 예시

직원을 고용하지 않는 1인 개인사업자의 경우는 지역가입자로서 4대보험을 부담하게 된다. 이때는 개인의 재산 등을 고려하여 건강보험료 등이 부과되기 때문에 직장가입자보다 더 많은 건강보험료 등을 부담하게 된다.

이때 법인의 대표이사로서 급여를 받게 된다면 직장가입자로서 4대보험을 부담하게 된다.

구분	지역가입자	직장가입자
부과 기준	소득, 재산 등 종합 고려	급여(보수)에 대해서만 부과
보험료 수준	소득 높으면 급격히 상승	월급에 비례해서 상대적으로 안정적
추가 부담	금융소득, 임대소득, 재산 등 추가 반영	기본적으로 급여만 반영 (추가 소득이 기준 이상이면 추가됨)

□ 사례 : 월 소득 500만원, 부동산 5억 원 보유

항목	직장가입자	지역가입자
국민연금	약 225,000원 (9%의 반액 부담)	약 450,000원(9%, 전액 부담)
건강보험료	약 170,000원	약 350,000~450,000원 (재산 따라 증가)
장기요양보험	약 17,000원	약 40,000원
고용보험	약 10,000원(근로자만)	불가
총합(본인부담)	약 422,000원	약 850,000~950,000원

* 해당 사례는 추정치이므로 금액이 유동적일 수 있다.
* 직장가입자의 경우 개인이 부담하는 국민연금, 건강보험료는 50%로 나머지는 법인이 부담한다.
* 법인이 부담하는 4대보험료(약 50%)는 법인의 경비로 인식된다.

결론적으로 4대보험료 측면에서 보면 직장가입자가 지역가입자에 비해서 유리할 확률이 높다.

구분	내용
보험료 절감	직장가입자가 지역가입자 대비 유리
예측 가능성	직장가입자는 급여 기준이므로 계획적 설계 가능
법인 운영 효과	법인 설립을 통한 직장가입자 전환은 세금 + 보험료 이중 절세 효과

4. 수익 분산을 위한 법인 활용

고소득자일수록 법인을 통해서 개인과 별도로 수익을 분산하여 전체적인 세 부담을 줄일 수 있다.

예를 들어, 대부분의 병의원은 개인사업자로만 운영이 가능하다. 이 경우 부동산 임대소득이 추가로 생기게 되면 해당 임대소득은 최고세율 구간으로 누진세율을 적용받을 수 있다. 이때 법인을 활용하면 소득의 분산 효과를 누릴 수 있다.

☐ Case A : 병원을 운영하는 의사(사업소득자)가 추가로 임대소득을 위한 건물을 매입 하는 경우
(1) 개인 명의로 건물을 매입
(2) 법인을 설립하여 법인 명의로 건물을 매입

☐ Case B : 고소득 근로자 임원/대표이사(고소득 근로소득자)가 추가적인 소득을 위해서 자산 혹은 다른 사업을 하는 경우
(1) 개인 명의로 개인사업 혹은 건물을 매입
(2) 법인 명의로 사업운용 혹은 건물을 매입

☐ Case C : 금융자산가 등(금융소득 종합과세자)이 법인을 설립하여 자산 운용 → 4대보험 / 임대소득

금융자산가들의 소득은 개인명의의 금융소득으로 보통의 경우 종합소득세 과세 대상 소득이 된다. 이 때 부동산 등을 통한 임대수익을 기대하고 건물 등을 매입할 때 개인 명의의 매입과 법인 명의의 매입을 고려해봐야 한다.
(1) 개인 명의로 개인사업 혹은 건물을 매입
(2) 법인 명의로 사업운용 혹은 건물을 매입

☐ 사례 1

[기본가정]

√ 병원 운영으로 이미 개인 소득금액이 연간 10억 원 이상 발생
  (최고세율 45% 적용)
√ 새로 취득한 부동산에서 임대소득금액이 연간 1억 원 발생
  ※ 법인은 별도로 설립
  ※ 관리비나 법인세, 회계비용 등은 일단 단순화해서 계산

① 개인 명의로 부동산 임대소득을 올리는 경우

병원 수익 5억 + 부동산 임대소득 1억 → 총소득 6억
누진세율로 소득세 계산 → 약 45% 최고 세율 구간
부동산 임대소득 1억 원에 대해 사실상 45% 세율 적용
추가되는 세금 부담 → 1억 × 45% = 4,500만 원 세금 부담 추가 (지방세 별도)

② 법인 명의로 부동산 임대소득을 올리는 경우

- 부동산 임대수익은 법인 수익으로 귀속
- 법인세율 적용 (2025년 기준 대략)

- 과세표준 2억 원 이하: 9% (소규모성실신고 법인의 경우는 해당 안됨)
- 2억 원 초과 ~ 200억 원 이하: 19%
- 200억 원 초과 ~ 3,000억 원 이하: 21%
- 3,000억 원 초과: 24%

- 추가되는 세금 부담
 → 1억 × 19% = 1,900만 원 법인세 부담 (임대소득만을 올리는 법인은 200억 원 이하 19% 적용)

√ **참고사항 : 개인이 법인에서 돈을 가져오려면 배당하거나 급여로 받아야 합니다.**

* 해당 건은 건물(상업용 건물)을 매입한 경우로 한정한다.
* 주택 등을 매입할 경우 종합소득세는 절세가 될 수 있지만, 취등록세 및 종합부동산세 등에서 추가 비용이 발생하여 실제적으로는 세부담이 늘어날 수도 있다.
* 해당 프로젝트를 실행하기전에 반드시 세무전문가의 조언을 통해서 절세 시뮬레이션을 돌려 봐야 한다.

☐ **사례 2**

[기본가정]
- √ 개인이 금융소득(이자, 배당 등)과 부동산 임대소득으로 연간 3억 + 1억 원 수입 발생
- √ 해당 부동산이 법인 명의의 부동산일 경우 직장가입자로 4대보험료 절감 가능
- √ 지역가입자로 건강보험료로만 매년 2,000만 원 가까이 납부
- √ 홍 씨는 임대사업 법인을 만들어 본인을 대표이사로 등록하고, 월 500만 원 급여를 받으면서 직장가입자로 전환

구분	임대법인 설립 전 (지역가입자)	임대법인 설립 후 (직장가입자)
소득 구성	금융소득 3억 + 부동산 임대소득금액 1억	금융소득 3억 + (법인)부동산 임대소득금액 (1억)
건강보험료 부과 기준	소득, 재산 전부 반영	급여(보수)만 반영
월 급여	없음(사업소득·기타소득)	월 500만 원(법인 급여)
건강보험료 산정 방식	전체 소득 및 재산에 따라 고율 적용	급여액 기준으로 일정액 부과
월 건강보험료	약 170만 원 (연간 약 2,000만 원)	약 50만 원
절감 효과	없음	연간 약 1,500만 원 절감
기타 고려사항	소득 변동에 따라 보험료 변동 큼	안정적, 배당 시 추가 보험료 주의 필요

CHAPTER 3

2025 영리법인 200% 활용법

(종합)소득세 절세

Chapter 03 (종합)소득세 절세

1. 세금 구조 (소득세율 vs 법인세율)

세법상 소득에 대해서 과세하는 법은 소득세법과 법인세법이다. 그러면 여기서 소득은 무엇을 의미하는 것일까?

소득은 매출에서 관련 경비를 제외한 순이익을 의미한다. 이런 이익은 소득의 주체에게로 귀속된다.

그러면 소득의 주체는 누구일까?

세법상 소득의 주체는 크게 2가지로 나뉘게 된다. 하나는 개인(자연인)이고 다른 하나는 법인이다. 소득의 주체를 개인(자연인)과 법인으로 나눈 것은 현대 자본주의 사회의 발전과 연관이 있다. 이를 여기서 설명하는 것은 너무 긴 이야기라 넘어가겠다.

결론은 소득의 주체를 2개로 나누었기에 관련 세법도 2가지로 나누게 되었다는 것이다. 법은 사회의 발전과 이상을 반영하기에 소득의 주체에 따라 다른 구조를 가지게 되었다.

기본적인 구조는 동일하지만, 여러 면에서 차이점이 존재한다. 기본적인 구조, 즉 매출(수입)에서 관련 경비를 제한 순수입(순이익)에 대해서 과세한다는 것은 동일하지만, 그 외의 다른 것들은 시대정신을 반영하여 각기 다른 방식으로 발전하였다.

그 다른 예 중 하나가 바로 세율이다. 현재 법인세율은 개인소득세율보다 낮다. 이는 국가가 법인 사업자를 개인사업자보다 우대하는 정책을 써서 사업자가 법인을 통해서 사업을 하게 하는 것을 유도하고 있는 것이다.

소득세율은 소득세법에서 규정하고 있는데 과세표준에 따른 세율 구간이 매우 촘촘하다. 이에 반해 법인세율은 법인세법에서 규정하고 과세표준에 대한 세율이 소득세율에 비해 낮다.

종합소득세 세율(2023년~2024년)

과세표준	세율	누진공제
14,000,000원 이하	6%	-
14,000,000원 초과 50,000,000원 이하	15%	1,260,000원
50,000,000원 초과 88,000,000원 이하	24%	5,760,000원
88,000,000원 초과 150,000,000원 이하	35%	15,440,000원
150,000,000원 초과 300,000,000원 이하	38%	19,940,000원
300,000,000원 초과 500,000,000원 이하	40%	25,940,000원
500,000,000원 초과 1,000,000,000원 이하	42%	35,940,000원
1,000,000,000원 초과	45%	65,940,000원

법인세 세율(2023년~2024년)

법인종류	과세표준	세율	누진공제
영리법인	0~2억 이하	9%	-
	2억 초과 ~ 200억 이하	19%	2,000만원
	200억 초과 ~ 3,000억 이하	21%	42,000만원
	3,000억 초과	24%	942,000만원
비영리법인	0~2억 이하	9%	-
	2억 초과 ~ 200억 이하	19%	2,000만원
	200억 초과 ~ 3,000억 이하	21%	42,000만원
	3,000억 초과	24%	942,000만원

예를 들어, 순수입이 동일하게 2억 원이라면 개인은 38%의 세율을 적용받

게 된다. 이에 반해 법인은 9%의 세율을 적용받는다.

단순하게 계산하면 아래와 같다.

	개인	법인
국세	2억 × 38% − 19,940,000 = 56,060,000원	2억 × 9% = 18,000,000원
지방세	5,606,000원	1,800,000원
합계	61,666,000원	19,800,000원

* 계산을 단순화하기 위해서 순수입을 과세표준으로 간주하여 계산
* 소득공제 및 조세특례제한법상의 혜택은 반영하지 않고 계산

단순계산이지만 단순히 소득의 주체가 달라져서 차이 나는 세금은 41,866,000원이다.

이것이 바로 고소득자(순수입이 높은 자)에게 법인전환을 권하는 이유이다.

그러면 단순하게 고소득자는 법인으로 전환하는 것이 유리할까?

일반적으로 법인이 유리하겠지만, 단순히 Yes or No라도 생각할 수 있는 것은 아니다.

그 이유는 다양하다.

우선, 법인사업자가 될 수 없는 개인들도 존재한다.

예를 들어, 근로소득자는 법인으로 전환할 수 없다. 또한, 일반적으로 의사(병원)도 현행법상 개인사업자가 될 수밖에 없다.

따라서 소득이 많다고 다 법인으로 전환해서 소득세를 절세할 수는 없다.

또한, 법인사업자가 개인사업자보다는 저율의 세율을 적용받는 것은 맞지

만, 해당 이익을 당해에 모두 개인에게 근로소득 등으로 이전한다면 개인사업자와 동일한 세율을 적용받을 수 있다.

따라서 어쩔 수 없이 개인사업자를 유지할 수밖에 없는 경우도 있기에 개인소득세의 절세 방법을 고민해 볼 필요가 있다.

이를 위해서 소득세법상의 절세 방법을 간단히 살펴보겠다. 많은 분들이 이미 알고 있는 것들도 있겠지만 가볍게 리뷰(review) 한다는 마음으로 보면 좋을 것이다.

2. 소득세법상의 절세 방법

소득세법상의 절세 방법은 소득의 구분에 따라 다를 수 있다.

소득의 구분

소득세법상 소득은 개인(자연인)이 얻을 수 있는 소득에 따라 구분된다. 이에 따라 절세 방법이 달라질 수밖에 없으므로 해당 소득을 구분하는 작업이 선행되어야 한다.

개인이 얻을 수 있는 소득은 아래와 같이 구분된다.

근로소득, 이자소득, 배당소득, 연금소득, 사업소득, 기타소득, 양도소득, 퇴직소득이 있다. 이와 별개로 상속 및 증여로 인한 재산 증가가 있을 수 있다.

소득세법은 우선 근로소득, 이자소득, 배당소득, 연금소득, 사업소득, 기타소득, 양도소득, 퇴직소득에 대해서 다루고 있다(상속 및 증여와 관련해서는 상속/증여세법에서 다루고 있다.).

그러면 우리가 보통 이야기하는 종합소득세 신고를 하는 소득은 어떤 것일까?

종합소득세를 신고하는 소득은 양도소득과 퇴직소득을 제외한 모든 소득이다. 즉, 근로소득, 이자소득, 배당소득, 연금소득, 사업소득, 기타소득이 그 대상이다. 양도소득과 퇴직소득은 종합소득세 신고 시 합산되는 소득이 아니다.

그러면 3.3% 원천징수되는 소득(ex. 프리랜서)이나 8.8% 원천징수되는 소득, 일용직 소득(아르바이트소득) 그리고 복권 등으로부터 얻는 소득은 어디에 속하게 될까?

먼저 3.3% 프리랜서 소득은 사업소득의 범주안에 있다. 세법에서는 인적 및 물적 자원이 없는 사업자는 사업자등록을 할 수 없도록 되어 있고, 이런 사업자와 거래할 때는 소득의 지급자(돈을 지급하는 사람)이 원천징수하도록 규정하고 있다. 다만, 이 경우 소득의 귀속자(돈을 받는 사람)의 소득 구분은 근로소득이 아니라 사업소득이다.

이와 유사하게 8.8% 원천징수되는 소득이 있다. 이는 일반적으로 기타소득으로 가끔 일어나는 소득에 대해서 원천징수되는 소득이다. 예를 들어, 회사원이 자신의 전문적인 지식에 대해서 강연하고 받는 소득 등이 그런 것이다.

복권 등으로 얻는 소득도 기타소득의 일종이다. 다만, 이는 금액 등에 따라 원천징수되는 세율이 다르다.

보통 편의점 등에서 일하는 아르바이트생의 소득은 일반적으로 일용직으로 구분된다. 일용직은 일당 기준으로 지급하고 해당 금액에 대해서 원천징수된다. 다만, 그 기준이 높아 원천징수되는 경우가 별로 없다.

위에서 설명한 바와 같이 개인이 얻는 소득은 세법이 정의한 각각의 소득으로 분류된다. 이렇게 분류된 이후에 각각의 소득에 대한 절세 방법을 살펴볼 수 있다.

먼저 사업소득의 절세 방법에 대해서 살펴보자.

사업소득은 사업을 통해서 소득을 얻는 개인의 소득을 의미한다. 일반적으로 사업자등록을 한 사업자, 3.3%로 원천징수되는 사업자(ex. 프리랜서) 등이 그 대상이다.

일반과세자와 면세사업자의 구분

사업자등록을 한 사업자의 경우 보통 일반과세사업자와 면세사업자로 나뉘게 된다. 그리고, 일반과세 사업자는 일반과세사업자와 간이과세자로 구분된다. 즉, 일반과세사업자와 간이과세자는 부가가치세를 부담하는 사업자이고, 면세사업자는 부가가치세를 부담하지 않는 사업자를 의미한다.

부가가치세법상 사업자유형 요약

구분	내용
과세사업자	일반과세자, 간이과세자(부가세 과세 대상)
면세사업자	부가세 면세 업종(의료, 교육, 농업 등)

* 3.3등의 프리랜서는 사업자등록을 하지 않았기에 부가세 신고 대상은 아니지만, 종합소득세 신고 대상이다.

가끔 간이과세자가 세금을 부담하지 않는 사업자라고 잘못 생각하는 경우가 있다. 하지만, 간이과세자는 일정금액까지는 부가가치세가 면제되지만, 일정금액을 넘어가면 부가세를 부담해야 한다. 즉, 간이과세자는 부가가치세를 부담하지 않을 수 있는 사업자이다.

다만, 이런 경우(부가세가 면세되는 경우)도 소득세법에 따른 사업소득은 발생하는 것이므로 종합소득세를 부담할 수 있다.

면세사업자도 동일하다. 면세사업자는 부가가치세를 부과 징수할 수 없으므로 부가가치세 납부와는 상관이 없다(협력의무는 존재한다.).

다만, 이(면세사업자)도 사업자이므로 사업소득이 존재하기에 종합소득세는 부담할 수 있다.

정리하면 아래와 같다.

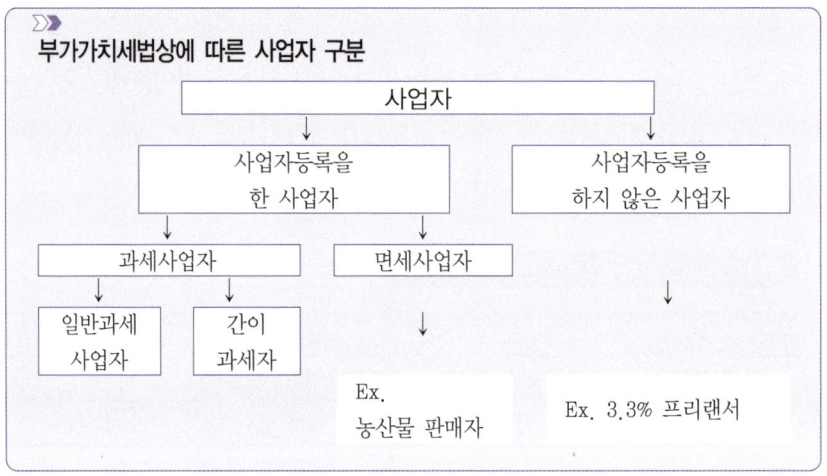

소득세법상의 사업자			
일반과세자	간이과세자	면세사업자	3.3% 프리랜서

위의 정리 내용과 같이 일반과세자, 간이과세자, 면세사업자, 3.3% 프리랜서 사업소득자는 모두 종합소득세 과세 대상이다.

위의 사업자는 모두 소득세법에 근거하여 세금을 납부하게 된다. 그 계산 구조를 간단히 정리하면 아래와 같다.

세법상용어	총수입금액	−	필요경비	=	사업소득금액
회계상용어	매출	−	경비	=	순이익

소득세법상의 사업소득 금액을 계산하는 방법은 법인세법상의 순이익을

계산하는 구조와 유사하다. 다만 용어 등이 좀 다르다. 결론적으로 매출 등의 수입금액에서 관련 경비를 제외한 순수입을 사업소득 금액이라고 명명하고, 그것을 근거로 종합소득세를 계산하는 것이다.

그러면 절세를 위해서 가장 중요한 것은 무엇일까? 그것은 바로 필요경비의 관리이다. 법인사업자는 경리 직원 등을 통해서 경비의 관리를 하는 경우가 많지만, 개인사업자는 영세하다보니 담당 직원을 두지 않는 경우가 많다. 그래서 누락되는 경비가 종종 발생한다. 즉, 실제 사업관련 경비를 지출하고도 장부에 반영하지 못하는 경우가 종종 발생한다. 따라서, 소득세 절세를 위해서 가장 필요한 것은 필요경비의 관리이다(매출의 경우는 세금계산서, 신용카드 매출, 현금영수증 발행 등으로 누락되는 경우가 많지 않다.).

필요경비의 관리의 핵심은 증빙을 수취하는 것이다. 그러면 어떤 증빙을 수취해야 하는 것일까? 그것은 바로 법적 증빙을 수취하는 것이다.

세법에서 말하는 법적 증빙은 3가지이다.

세금계산서(계산서), 현금영수증(지출증빙), 신용카드 매출 전표이다.

증빙 종류	설명
세금계산서 / 계산서	보통 사업자간에 오고가는 증빙
지출증빙용 현금영수증	현금을 지급하고 받는 증빙(세금계산서를 받아도 무방)
신용카드 전표	법인 신용카드를 사용하고 받은 증빙

일반적으로 사업자가 거래할 때는 위의 3가지 증빙을 받고 거래를 한다. 그러나 가끔 해당 증빙을 받지 못하고 거래를 하는 경우가 있다. 예를 들어, 일부 사업자들은 부가세 없이 거래를 하자는 제안을 받은 적이 있을 것이다. 이는 현금영수증이나 세금계산서를 발행하지 않고 거래를 하자는 것을 의미

한다. 하지만 이는 결국 매입하는 사업자의 손해로 돌아갈 경우가 많다. 그 이유는 매입세액공제를 통해서 부가세를 환급받을 수 있는 사업자가 거래증빙을 수취하지 못해서 관련 경비를 인정받지 못하고, 가산세까지 물 수 있기 때문이다. 단순히 계좌이체를 했다는 것이 거래가 있었다는 것을 보장하지 않기 때문에 항상 거래 증빙을 수취하는 습관을 들여야 하고, 이 습관이 바로 절세의 기본이다.

두 번째 증빙 관리의 핵심은 원천세 신고이다. 원천세 신고는 간단히 생각하면 인건비 등에 대한 신고라고 생각하면 된다. 즉, 세금계산서 등의 증빙이 없는 경우 인건비 신고를 통해서 해당 경비의 존재를 국세청에 신고하는 것이다. 사업자가 고용한 직원, 일용직, 프리랜서(사업자등록을 하지 않는 사업자) 등에게 대금을 지급하고 해당 내용을 신고하는 것이다.

만약 인건비 신고를 안 하면 실제 비용은 지급했지만 사업체의 인건비가 빠져 있기에 소득세(혹은 법인세)를 많이 물 수 있다. 예를 들어, 직원 1명에게 지급되는 인건비가 1년에 약 5,000만 원이라고 할 때 원천세 신고를 안 한다면 아래와 같은 세금 인상 효과가 발생하게 된다.

	인건비 반영	인건비 미반영
매출	5억	5억
매출원가	2억	2억
인건비	0.5억	-
기타비용	0.5억	0.5억
순익	2억	2.5억
세금 (국세)	56,060,000원	75,060,000원
세금 (지방세)	5,606,000원	7,506,000원

위의 세금 차이는 약 20,900,000원이다.

실제로는 5,000만 원의 경비를 신고하지 않았을 뿐이지만, 세금 차이는 2,000만 원이 넘게 나게 되는 것이다. 결국 사업자가 직원의 세금을 대신 내주게 되는 것이라고 할 수 있다.

마지막으로 관리할 비용은 이자비용, 기부금 영수증, 경조사비 내역 등에 관한 내역이다. 이런 경비는 사업관련성을 인정받기가 쉽지 않기 때문에 관련 내용에 대해서 잘 정리해야 한다.

예를 들어 이자비용의 경우 사업관련성이 있는 경우만 인정을 받는다. 주택자금대출 등을 사업관련 경비로 활용했다고 할 경우 해당 부분을 인정받기가 어려울 수 있다.(입증할 경우 인정 가능)

또한, 기부했을 때 이체 내역 등 만으로는 경비 인정을 받을 수 없다. 사업자 명의 (혹은 사업주 명의 등) 등으로 이체하고 기부금 영수증을 받아야만 해당 부분을 인정받을 수 있다.

경조사비의 경우도 20만 원 이하의 경조사비가 인정된다. 이 경우도 사업관련성이 있는지 여부를 입증해야 하고 청첩장 혹은 부고장 등의 증빙이 필요할 수 있다.

이런 모든 부분을 개인사업자가 관리하기는 어려울 수 있다. 관리하는 직원이 있다고 하더라도 해당 부분을 명확히 이해하지 못하고 증빙관리를 한다면 경비 인정이 안 될 수도 있다. 따라서 세무 전문가의 도움을 받는 것이 적격증빙 관리에는 유리하다고 할 수 있다.

실무적으로는 다음을 기억하면 편리하다.

전략	상세 내용
경비 누락 방지	증빙 관리 체계화, 담당자 교육 또는 전문가 도움
인건비 신고	인건비누락 → 세금급증 → 반드시 원천세 신고
적격증빙 수취 습관	세금계산서, 현금영수증, 신용카드 전표 중심 지출
비정기 지출 정리	경조사비, 이자비용, 기부금은 따로 관리 필수
통장 관리	매출 / 매입 증빙과 대금 수금 및 지급 여부 대사

이렇게 경비의 기장 누락을 막게 되는 것이 소득세 절세의 첫 번째 스텝이다.

그다음 단계는 세법이 제공하는 소득공제, 세액공제를 적용하는 것이다. 소득공제 및 세액공제는 종합소득대상자에게 제공하는 것도 있고, 사업소득자에게만 적용하는 것도 있다. 예를 들어, 연금저축공제 등은 근로자 및 사업자 등 모든 종합소득세 신고 대상자에게 적용된다. 하지만, 중소기업특별세액감면과 같은 것은 사업자에게만 적용된다. 해당 부분은 전문성이 요구되기에 세무사 등을 이용해서 적용받아야 한다.

먼저, 근로소득자의 절세 방안에 대해서 간단히 살펴보자.

근로소득자는 회사(사업자)로부터 급여를 받는 급여 소득자를 의미한다. 회사(사업자)는 인건비라는 필요경비를 인정받기 위해서 원천세 신고 및 근로소득지급명세서(근로자 입장에서는 연말정산이라고 한다.)를 국세청에 제출한다. 이런 과정을 통하게 되면 근로자의 소득은 누락 될 일이 거의 없다.

소득 누락이 없기에 실제 절세를 하기 위해서는 세법이 주는 혜택을 잘 이용해야 한다. 많은 전산화를 통해서 보험료공제, 의료비 공제, 교육비 공제, 신용카드 공제 등은 국세청에서 연말정산 간소화 PDF 파일 등을 통해서 간단히 집계되고 활용될 수 있다.

다만, 연금저축, IRP 퇴직연금 등은 본인이 금융기관 등을 통해서 가입해야만 적용받을 수 있는 혜택이기에 이런 절세 상품을 잘 활용하는 것이 필요하다. 다만, 해당 상품은 해지했을 경우 불이익이 많은 장기 상품이므로 가입 시 절대 해지하지 않겠다는 의지로 가입하는 것을 권한다.

금융소득자나 연금소득자, 기타소득자의 경우도 근로소득자와 유사하다. 실제로 경비를 인정받는 소득이 아니기 때문에 연금저축 등과 같은 세제혜택 금융상품이 거의 유일한 절세 방법이다.

간단히 정리하면 아래와 같다.

구분	사업자	사업자 外
필요경비 관리	관리필요	대상아님
종합소득공제	대상	대상

아래 내용은 일반적인 근로소득자가 절세 시 고려해야 할 내용이다.

구분	방법	설명
소득공제 등 활용	체크카드·현금영수증 사용	소득공제율이 신용카드보다 높음(30% 적용)
	소득공제 항목 챙기기	의료비, 교육비, 기부금, 보험료 등 최대한 반영
	월세 세액공제	무주택 세대주 등 요건 확인 필요
	중소기업 취업자 소득세 감면	청년·장애인 등 취업 시 소득세 5년간 90% 감면
	기부금 증빙	소액이라도 세액공제 가능(기부금 영수증 확보)
절세 상품 이용	연금저축·IRP	세액공제 + 장기 저축 혜택
	ISA 계좌 활용	순이익 200만 원까지 비과세
가족 관련 절세	부양가족 공제	부모, 배우자, 자녀 부양 시 추가 공제 가능
	부모님 의료비 공제	부모 병원비도 공제 가능(소득요건 충족 시)

3. 법인전환을 통한 소득세 절세 방법

개인으로서 사업체를 운영하는 사람은 개인 사업소득, 금융소득, 연금소득, 근로소득 등을 합친 종합 소득금액을 근거로 소득세를 내게 된다.

개인의 소득세율은 급격한 누진세 구조이기에 사업이 안정되고 성장할수록 부담해야 하는 소득세가 급격히 증가하게 된다. 결국 개인사업자가 아닌 법인사업자로의 변화를 고민하게 된다.

일반적으로 순이익 기준으로 1.5억 원이 넘으면 종합 소득세율 38%를 적용받게 된다. 해당 세율은 국세만을 기준으로 하는 것이기에 지방세를 포함하게 되면 추가로 3.8%를 더 부담해야 한다. 거기에다 해당 종합 소득금액을 기준으로 4대보험료가 부과되기에 실제 부담해야 하는 세율 및 4대보험 요율은 50%를 넘어가게 된다.

이런 경우라면 사업체를 법인으로 전환하는 것을 고려해 볼만하다. 물론 법인으로 전환하게되면 대표이사로 급여를 받는 근로소득자가 되기 때문에 급여에 대해서는 종합소득세율을 적용받게 된다. 그러면 1.5억 원의 순이익을 버는 개인사업자가 법인사업자로 전환하고 급여로 약 1억 원 정도를 받는다면 어떠한 절세 효과가 있는지 살펴보자.

> [계산을 단순화하기 위해서 순이익을 과세표준과 동일한 금액으로 가정]
>
> **종합소득세 과세표준이 1.5억 원일 경우 종합소득세**
> 국세 : (1.5억 × 38%) - 19,940,000 = 37,060,000원
> 지방세 : 37,060,000원 × 10% = 3,706,000원

순이익 1.5억 원(대표이사 급여 1억 원 빼기전)이라고 가정하고 대표이사의 급여가 1억 원인 경우

순이익 : 1.5억 원 − 1억 원 = 0.5억 원
법인세 : 0.5억 원 × 9% = 4,500,000원
지방세 : 4,500,000원 × 10% = 450,000원
대표이사 급여가 1억 원일 경우 소득세 (간이과세표기준) : 13,024,680원 (지방세 포함)

구분	개인사업자 순익 1.5억	법인사업자 순익 0.5억 & 대표이사 급여 1억 원
종합소득세	40,766,000	13,024,680
법인세 (지방세포함)	0	4,950,000
합계	40,766,000	17,974,680

　위와 같은 차이가 나타나는 이유는 법인에 소득을 유보시켜서 개인의 종합소득세율를 낮췄기 때문이다. 해당 차이는 개인으로 버는 소득이 늘어날수록 더욱 벌어지게 된다.

　하지만, 어쩔 수 없이 개인사업자를 유지해야 하는 경우도 존재한다. 예를 들어 병의원이 그렇다. 이 경우에는 병의원 소득과 다른 소득을 구분하여 법인을 설립하는 것이 유리한지를 살펴보아야 한다. 예를 들어, 병의원 사업소득과 함께 임대소득이 있는 경우, 혹은 다른 개인사업자의 소득이 존재하는 경우이다. 대부분의 병의원 소득은 최고 세율을 적용받는 경우가 많으므로 다른 소득을 법인에 유보하는 것이 더 나은 선택이 될 수 있다.

　다만, 이 경우 세법상 성실신고확인대상 소규모법인으로 규정되어 일반법인보다 높은 세율이 적용될 수 있다.

4 성실신고확인대상 소규모법인과 소득 분산

소규모법인은 세법상에서 임대소득이나 금융소득(이자/배당)이 전체 수입(매출)의 50% 이상을 차지하는 법인을 주로 의미한다. 대부분의 경우 이런 법인은 주주가 가족인 경우가 많다. 해당 법인에 대해서는 법인세율의 9% 적용을 배제하고, 접대비 등에서 한도를 일반법인보다 낮춰서 적용한다.

소규모 법인일 경우는 아래와 같이 세율이 적용된다.

구분	개인사업자 순익 1.5억	소규모 법인사업자 순익 0.5억 대표이사 급여 1억 원
종합소득세	40,766,000	13,024,680
법인세 (지방세포함)	0	10,450,000
합계	40,766,000	23,474,680

* 법인세율 19% 적용

위의 내용을 보면 개인사업자의 소득을 법인사업자의 소득으로 이전하여 급여를 받는 것이 생각보다는 괜찮은 절세 효과를 보여줄 수 있다는 것을 알 수 있다.

다만, 법인을 운영하기 위해서는 개인사업자보다는 많은 비용과 노력이 필요하므로, 단순히 이익과 세금만을 고려해서 법인사업자로의 전환할 필요는 없다.

세법상 성실신고확인대상 소규모법인이란?

성실신고확인대상인 소규모 법인 및 법인전환 법인

Ⅰ. 다음의 소규모 법인 요건에 모두 해당하는 법인

구분	내용
1	부동산임대업을 주된 사업으로 하거나 이자·배당·부동산(권리)임대소득금액 합계액이 매출액의 50% 이상인 법인
2	해당 사업연도의 상시 근로자 수가 5인 미만
3	지배주주 및 특수관계인의 지분합계가 전체의 50% 초과

Ⅱ. 법인전환 법인

성실신고확인대상인 개인사업자가 법인전환 후 사업연도 종료일 현재 3년 이내의 법인('18.2.13.이후 법인 전환분부터 적용)

따라서, 개인사업자가 법인전환을 고려한다면 성실사업자(개인사업자)가 되기 전에 법인으로 전환하는 것이 더 좋다.

결론적으로 소규모성실신고확인대상이 되는 부동산 임대 법인 등은 일반적인 법인에 비해 더 많은 세금을 부담할 수 있다. 따라서, 소규모성실신고확인대상이 되지 않도록 법인 구조를 만드는 것을 권한다. 다만, 어쩔 수 없이 해당 법인이 되더라도 개인사업자로 종합과세되는 것보다는 세금이 줄어들 확률은 높다고 할 수 있다.

【사례】 부동산 임대법인의 소규모법인 적용시 세금 차이

구분	세부 내용
법인명	A부동산 임대법인
설립 연도	2015년
주요 사업	상가 및 오피스텔 임대
법인 규모	매출 약 8억 원, 직원 4명
부동산 임대소득 비중	전체 매출의 70%(5.6억 원)
기타 매출	2.4억 원
경비	4억 원(인건비 등)
세전 이익(과세표준)	4억 원
9% 법인세율 적용시	법인세 = 4억 원 × 9% = 3,600만원(지방세 제외)
19% 법인세율 적용시	법인세 = 4억 원 × 19% = 7,600만원(지방세 제외)
법인세 차이	7,600만원 - 3,600만원 = 4,000만원증가(지방세 제외)
추가 세법 의무	성실신고확인서 제출 의무 발생

관련법령

▶ **법인세법 제60조의2 【성실신고확인서 제출】**

① 다음 각 호의 어느 하나에 해당하는 내국법인은 성실한 납세를 위하여 제60조에 따라 법인세의 과세표준과 세액을 신고할 때 같은 조 제2항 각 호의 서류에 더하여 제112조 및 제116조에 따라 비치·기록된 장부와 증명서류에 의하여 계산한 과세표준금액의 적정성을 세무사 등 대통령령으로 정하는 자가 대통령령으로 정하는 바에 따라 확인하고 작성한 확인서(이하 "성실신고확인서"라 한다)를 납세지 관할 세무서장에게 제출하여야 한다. 다만, 「주식회사 등의 외부감사에 관한 법률」 제4조에 따라 감사인에 의한 감사를 받은 내국법인은 이를 제출하지 아니할 수 있다. 〈개정 2018.12.24., 2021.12.21.〉
1. 부동산임대업을 주된 사업으로 하는 등 대통령령으로 정하는 요건에 해당하는 내국법인
2. 「소득세법」 제70조의2제1항에 따른 성실신고확인대상사업자가 사업용자산을 현물출자하는 등 대통령령으로 정하는 방법에 따라 내국법인으로 전환한 경우 그 내국법인(사업연도 종료일 현재 법인으로 전환한 후 3년 이내의 내국법인으로 한정한다)

3. 제2호에 따라 전환한 내국법인이 그 전환에 따라 경영하던 사업을 같은 호에서 정하는 방법으로 인수한 다른 내국법인(같은 호에 따른 전환일부터 3년 이내인 경우로서 그 다른 내국법인의 사업연도 종료일 현재 인수한 사업을 계속 경영하고 있는 경우로 한정한다)

② 납세지 관할 세무서장은 제1항에 따라 제출된 성실신고확인서에 미비한 사항 또는 오류가 있을 때에는 보정할 것을 요구할 수 있다. 〈개정 2018.12.24.〉

③ 제1항 및 제2항에서 정한 사항 외에 성실신고확인서의 제출 등에 필요한 사항은 대통령령으로 정한다. 〈개정 2018.12.24.〉

▶ **법인세법 시행령 제97조의4 【성실신고확인서 등의 제출】**

① 법 제60조의2제1항 각 호 외의 부분 본문에서 "세무사 등 대통령령으로 정하는 자"란 세무사(「세무사법」 제20조의2에 따라 등록한 공인회계사를 포함한다. 이하 이 조에서 같다), 세무법인 또는 회계법인(이하 이 조에서 "세무사등"이라 한다)을 말한다.

② 법 제60조의2제1항제1호에서 "부동산임대업을 주된 사업으로 하는 등 대통령령으로 정하는 요건에 해당하는 내국법인"이란 제42조제2항 각 호의 요건을 모두 갖춘 내국법인(법 제51조의2제1항 각 호의 어느 하나에 해당하는 내국법인 및 「조세특례제한법」 제104조의31제1항에 따른 내국법인은 제외한다)을 말한다. 〈개정 2019.2.12, 2020.2.11, 2021.2.17〉

③ 법 제60조의2제1항제2호에서 "사업용자산을 현물출자하는 등 대통령령으로 정하는 방법"이란 사업용 유형자산 및 무형자산의 현물출자 및 사업의 양도·양수 등을 말한다. 〈개정 2019.2.12〉

④ 법 제60조의2제1항제2호를 적용할 때 성실신고확인대상사업자는 해당 내국법인의 설립일이 속하는 연도 또는 직전 연도에 「소득세법」 제70조의2에 따른 성실신고확인대상사업자에 해당하는 경우로 한다.

⑤ 제1항부터 제4항까지에서 규정한 사항 외에 성실신고확인서의 제출 등에 필요한 사항은 기획재정부장관이 정한다. 〈개정 2019.2.12., 2022.2.15.〉

▶ **법인세법 시행령 제42조**

② 법 제25조제5항 및 법 제27조의2제5항에서 "대통령령으로 정하는 요건에 해당하는 내국법인"이란 각각 다음 각 호의 요건을 모두 갖춘 내국법인을 말한다. 〈신설 2017.2.3, 2019.2.12, 2020.2.11, 2022.2.15.〉

1. 해당 사업연도 종료일 현재 내국법인의 제43조제7항에 따른 지배주주등이 보유한 주식등의 합계가 해당 내국법인의 발행주식총수 또는 출자총액의 100분의 50을 초과할 것
2. 해당 사업연도에 부동산 임대업을 주된 사업으로 하거나 다음 각 목의 금액 합계가 기업회계기준에 따라 계산한 매출액(가목부터 다목까지에서 정하는 금액이 포함되지 않은 경우에는 이를 포함하여 계산한다)의 100분의 50 이상일 것
    가. 부동산 또는 부동산상의 권리의 대여로 인하여 발생하는 수입금액(「조세특례제한법」 제138조제1항에 따라 익금에 가산할 금액을 포함한다)
    나. 「소득세법」 제16조제1항에 따른 이자소득의 금액
    다. 「소득세법」 제17조제1항에 따른 배당소득의 금액
3. 해당 사업연도의 상시근로자 수가 5명 미만일 것

CHAPTER 4

2025 영리법인 200% 활용법

4대보험료 절세

Chapter 04 4대보험료 절세

우리가 흔히 이야기하는 4대보험료는 건강보험료, (국민)연금보험료, 고용보험료, 산재보험료로 구성된다.

4대보험료라고 하지만, 고용보험과 산재보험은 실제로 직원이 있는 경우만 부과되는 보험이다. 따라서 실제 피부에 와 닿는 보험은 건강보험과 연금보험이다.

건강보험료와 (국민)연금보험료는 대한민국 국민이라면 무조건 가입해야 하는 사회보험이다. 즉, 직장이 있건 없건 가입해야 한다는 것이다. 회사를 다니는 사람은 일반적으로 직장가입자가 되고 그렇지 않은 사람은 지역가입자가 된다.

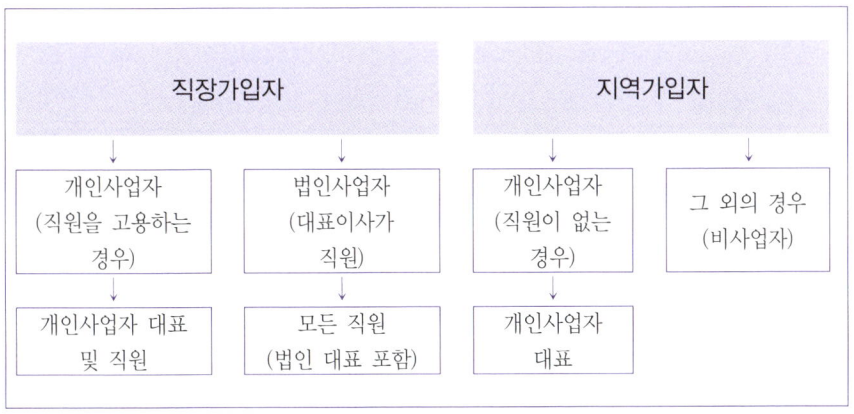

직장가입자와 지역가입자의 건강보험료 등에 대한 부과기준은 다르다.

일반적으로 직장가입자의 경우 월급여 등에 연동하여 건강보험료 등이 부과된다. 하지만, 지역가입자의 경우는 소득과 재산에 연동하여 보험료가 부과된다. 즉, 가입자의 소득, 재산(전·월세 포함) 등을 기준으로 정한 부과요소별 점수를 합산한 보험료 부과점수에 점수당 금액을 곱하여 보험료를 산정한 후, 경감률 등을 적용하여 세대 단위로 부과하는 방식이다. 따라서 일정한 소득이 없더라도 재산이 많은 경우 지역가입자로서 많은 건강보험료 등을 부과받을 수 있다.

특히, 1인 개인사업자로서 고소득을 올리는 경우라면 소득부분에서도 높은 점수를 받게 되어 많은 건강보험료를 부과받을 수 있다.

항목	세부 내용	금액(원)
순이익	개인사업자 순이익(연간)	200,000,000
종합소득세	종합소득세 계산을 위한 과세표준	2억 원
	종합소득세 약: 5,600만원(지방세 별도)	
건강보험료	소득2억 원 기준으로 건강보험료 계산	2억 원
	건강보험료 약 130만원/월 발생 연간건강보험료 = 130만원 × 12개월 = 1,560만원	
국민연금 보험료	연간 2억 원소득에 대해 최대부과 상한액적용	2억 원
	월 기준 약 56만원이고 연간기준으로 약 667만원	

위의 1인 개인사업자의 경우(높은 순이익이 있는 경우)라면 건강보험료에서 많은 부담을 느낄 수 있다. 이 경우 법인으로 전환하거나 (개인사업자로서) 직원을 고용하게 되면 건강보험료를 줄일 수 있다.

참고내용

▶ **개인사업자를 유지하고 직원을 고용한 경우**

이 경우에는 우선 지역가입자에서 직장가입자로 변화함으로서 재산 부분에 대한 지역가입자 부담분을 배제하게 된다. 다만, 이 경우 해당 직원 인건비에 대한 부담이 늘어나는 부분을 고려해야 한다.

▶ **법인사업자로 전환하여 법인 대표로 급여를 받는 경우**

법인 대표의 신분은 실질적으로 급여소득자이기에 월급여에 근거한 4대보험료를 납부하게 된다. 따라서, 지역가입자로서 부담하던 소득/재산 부분을 상당 부분 감액 시킬 수 있다.

또한, 해당 개인사업자 순이익이 1.5억 원이상인 경우 법인으로 전환시 부담하는 법인세 대비 소득세 부분에서 절세도 기대할 수 있다.

다만, 이 경우에는 법인사업자를 관리하기 위한 노력과 비용이 증가함을 고려해야 한다.

□ 사례

순이익이 2억 원이 개인사업자가 법인 전환 후 급여를 1억 원 받고, 나머지 금액을 유보할 때의 경우

■ 건강보험료 비교

(1인 개인사업자)지역가입자	(법인 대표)직장가입자
2억 원 전액 과세	1억 원에 과세 / 1억 원은 법인 유보
1,300,000원	588,460원

* 지역가입자의 경우 재산 등의 상황에 따라서 금액 변동 가능
* 위의 사례는 단순히 지역가입자가 직장가입자보다 많은 보험료를 부담한다는 예시

CHAPTER 5

2025 영리법인 200% 활용법

영리법인을 이용한 증여세 절세

Chapter 05 영리법인을 이용한 증여세 절세

영리법인을 이용한 증여세 절세를 알아보기 전에 개인에게 증여할 경우 과세체계 등 전반적인 내용에 대해 먼저 살펴보자.

1 일반적인 증여

증여의 정의와 증여세

1. 민법상 증여

▶ 증여계약의 법적 성질 : 민법에서의 증여는 당사자 일방이 무상으로 일정한 재산을 상대방에게 준다는 의사를 표시하고, 상대방이 이를 승낙함으로써 성립하는 계약을 말한다.

▶ 특수한 형태의 증여
① 부담부 증여 : 상대 부담이 있는 증여로 수증자가 재산과 동시에 채무를 부담하는 증여를 말한다.
② 정기증여 : 정기적으로 재산을 무상으로 주는 증여이다. 증여자 또는 수증자의 사망으로 인하여 그 효력을 잃는다.
③ 사인증여 : 생전에 증여계약을 맺었으나 그 효력은 증여자의 사망으로 발생하는 증여이다. 사인증여로 이전되는 재산은 증여세가 아닌 상속세 과세 대상이다.

2. 상증법상 증여

▶ 상증법상 증여와 증여세 : 상증법상 증여는 그 행위 또는 거래의 명칭·형식·목적 등과 관계없이 직접 또는 간접적인 방법으로 타인에게 무상으로 유형·무형의 재산 또는 이익을 이전(현저히 낮은 대가를 받고 이전하는 경우를 포함)하거나 타인의 재산가치를 증가시키는 것을 말한다. 증여세는 이러한 상증법상 증여를 과세 원인으로 하여 무상으로 얻은 증여재산가액에 대하여 부과하는 세금이다.

▶ 증여세의 과세체계 : 수증자를 납세의무자로 하여 증여자·수증자별로 과세가액을 계산하고 10년 이내에 동일인으로부터 증여가액을 누적 과세한다.

▶ 상속세와 증여세의 비교 : 상속세는 피상속인(사망 또는 실종선고로 인하여 상속재산을 물려주는 사람)이 거주자인지 비거주자인지에 따라 과세 범위가 달라지지만, 증여세는 수증자(재산을 받는 자)가 거주자인지 비거주자인지에 따라 과세 범위가 달라진다.
상속세는 피상속인이 자연인인 경우에만 부과되지만, 증여세는 증여자가 자연인 또는 법인여부에 관계없으며 수증자가 개인인 경우뿐만 아니라 비영리법인인 경우에도 부과될 수 있다.
상속세는 피상속인이 물려준 유산 총액을 기준으로 과세 되지만, 증여세는 수증자를 기준으로 증여자·수증자별로 세액을 계산하고, 동일한 증여자로부터 증여받은 재산은 10년간 합산하여 과세한다.

증여세 개요

1. 증여재산의 증여일

▶ 증여일로 보는 증여재산 유형별 취득시기는 다음과 같다.

재산구분	취득시기
부동산	소유권의 이전 등기·등록 신청서 접수일
현금	현금을 수증자에게 인도한 날(수증자 계좌에 입금한 날)
부동산을 취득할 수 있는 권리	권리의무승계일
주식	객관적으로 확인된 주식 등 인도일 다만, 인도일이 불분명하거나 인도전 명의개서 시 명부 등의 명의개서일
보험금	보험사고(만기보험금 지급)가 발생한 날

2. 증여세 납세의무

▶ 무상이전에 대한 과세 세목 : 재산의 무상이전이 발생하는 경우 아래와 같이 증여자와 수증자에 따라 증여세가 과세 될 수도, 소득세나 법인세가 과세 될 수도 있다.

증여자	수증자	구분	수증자 납세의무
개인	개인	무상이전	증여세
개인	개인	수증자의 사업관련	소득세
법인	개인	무상이전	증여세
개인	영리법인	무상이전	법인세
법인	영리법인	무상이전	법인세

타인으로부터 재산을 무상으로 받은 수증자(개인 또는 비영리법인)는 그 재산에 대한 증여세를 신고·납부하여야 한다.

수증자가 영리법인인 경우에는 영리법인이 증여받은 재산은 법인세 과세대상에 포함되므로 그 영리법인에게 증여세가 부과되지 않는다.

▶ 거주자 여부에 따른 과세 대상의 범위 : 수증자가 증여일 현재 거주자인지 비거주자인지 여부에 따라 과세범위 및 증여세 납부 의무자에 차이가 있다.

수증자	과세범위	증여세 납부의무자
거주자	국내외 모든 증여재산	수증자
비거주자	국내에 있는 모든 증여재산	수증자
	거주자로부터 증여받은 국외에 있는 모든 재산	증여자

> **관련법령**
>
> ▶ **거주자와 비거주자의 판단(상속세 및 증여세법 제2조)**
>
> (거주자) 국내에 주소를 두거나 183일 이상 거소를 둔 사람
> * 국내에 주소와 거소에 대해서는 소득세법 시행령 제2조, 제4조 제1항·제2항 및 제4항을 따른다.
>
> (비거주자) 거주자가 아닌 사람

▶ 증여자의 증여세 연대 납부 의무 : 증여세는 재산을 증여받은 수증자가 납부하는 것이 원칙이지만 수증자가 다음 중 어느 하나에 해당하는 경우에는 수증자가 납부할 증여세에 대하여 증여자가 연대하여 납부할 의무가 있다.
① 수증자의 주소나 거소가 분명하지 아니한 경우로서 증여세에 대한 조세채권을 확보하기 곤란한 경우
② 수증자가 증여세를 납부할 능력이 없다고 인정되는 경우로서 강제징수를 하여도 증여세에 대한 조세채권을 확보하기 곤란한 경우
③ 수증자가 비거주자인 경우

▶ 증여세 대납 : 증여자가 연대납부의무자로서 수증자의 증여세를 대신 납부하는 경우에는 재차증여가 아니므로 증여세가 과세되지 않는다. 수증자가 비거주자인 경우, 증여자는 연대납세의무가 있어 증여자가 수증자의 증여세를 납부해도 대납한 증여세에 대해 증여세가 과세되지 않는다.

반면 연대 납부 의무 없이 증여자가 증여세를 대신 납부하면 새로운 증여에 해당되어 대신 납부할 때마다 증여세가 과세된다.

3. 증여세 신고 납부

▶ 신고 납부 기한 : 증여받은 날이 속하는 달의 말일부터 3개월 이내이다.

▶ 분납 : 납부할 세액이 1천만 원 초과 2천만 원 이하인 때에는 1천만 원을 초과하는 금액을, 납부할 세액이 2천만 원을 초과하는 때에는 50% 이하의 금액을 납부 기한이 지난 후 2개월 이내에 분할 납부할 수 있다. 다만, 연부연납을 허가받은 경우에는 분납할 수 없다.

▶ 연부연납

① 요건 및 기간 : 납부할 세액이 2천만 원을 초과하는 경우 신고 납부기한 또는 납세고지서에 따른 납부 기한 내 및 매년 분할 납부할 세액이 1천만 원을 초과하도록 하여 5년의 범위 내에서 연부연납기간을 정하여 연부연납할 수 있다.

② 가산금의 가산율 : 현재 3.1%

> ☐ 2023.2.28. 이후 연부연납 납부
>
> 2023.2.28. 이후 연부연납을 납부하는 분부터는 각 회 분의 분할납부세액의 납부일 현재 이자율로 추가 부담할 가산금을 계산하되, 연부연납 기간 중에 이자율이 변경되는 경우에는 직전 납부기한의 다음날부터 이자율이 변경된 날의 전일까지의 기간에 대해서는 변경 전의 이자율을 적용하도록 개정되었다.

③ 연부연납 허가신청 : 연부연납을 신청하려는 자는 연부연납허가신청서와 납세담보제공서를 증여세 과세표준신고와 함께 납세지 관할세무서장에게 제출하여야 한다. 다만, 증여세 과세표준과 세액의 결정통

지를 받은 자는 해당 납부고지서의 납부기한까지 연부연납허가신청서와 납세담보제공서를 제출할 수 있다.

납세보증보험증권 등을 납세담보로 제공하여 연부연납 허가를 신청하는 경우에는 그 신청일에 연부연납을 허가받은 것으로 본다.

증여세 과세대상

1. 증여재산

▶ 증여세 과세대상인 증여재산은 수증자에게 귀속되는 재산으로서 금전으로 환가할 수 있는 경제적 가치가 있는 모든 물건과 재산적 가치가 있는 법률상 또는 사실상의 모든 권리, 금전으로 환산할 수 있는 모든 경제적 이익을 포함한다.

2. 반환 또는 재증여한 경우

▶ 증여받은 재산의 당초 증여자에게 반환하는 시기에 따라 증여세 과세방법이 달라진다. 다만, 금전의 경우에는 그 시기에 관계없이 당초 증여·반환에 대해 모두 증여세를 과세한다.

반환 또는 재증여시기	당초 증여분	반환 또는 재증여
증여세 신고기한 이내	과세제외	과세제외
신고기한 경과 후 3월 이내	과세	과세제외
신고기한 경과 후 3월 후	과세	과세
금전(시기 관계없음)	과세	과세

3. 사례

▶ 상속재산 재협의 분할 경정등기 시 : 상속세 신고기한(일반적으로 상속개시일이 속하는 달의 말일부터 6개월) 이내에 경정등기한 경우에는 증여세가 과세되지 않지만, 상속세 신고기한을 지나서 경정등기한 경우에

는 증여세가 과세된다.

▶ 증여재산을 유류분으로 반환하는 경우 : 상속인의 증여에 의하여 재산을 증여받은 자가 증여받은 재산을 유류분권리자에게 반환하는 경우 그 반환한 재산가액은 당초부터 증여가 없었던 것으로 보는 것이며, 유류분을 반환받은 상속인은 유류분으로 반환받은 당해 재산에 대하여 상속세 납부 의무를 지는 것이다.

▶ 이혼 : 이혼 시 이혼한 자의 일방이 민법 규정에 의한 재산분할청구권을 행사하여 취득한 재산은 증여세가 과세되지 않는다. 다만, 조세포탈의 목적이 있다고 인정되는 경우에는 증여세가 과세된다.
이혼 등에 의하여 정신적 또는 재산상 손해배상의 대가로 받은 위자료는 조세포탈의 목적이 있다고 인정되는 경우를 제외하고는 증여로 보지 않는다.

▶ 보험금 : 생명보험 또는 손해보험의 보험금 수령인과 보험료 납부자가 다른 경우 또는 보험금 수령인이 재산을 증여받아 보험료를 납부한 경우 보험사고(만기보험금 지급)가 발생한 날을 증여일로 하여 보험금 수령인에게 증여세가 과세된다.
수익자가 지정된 생명보험금은 지정수익자의 고유재산에 해당하여 민법에 따른 협의분할 대상이 아닌바, 공동상속인간의 자의적인 협의분할에 의하여 지정 수익자 외의 자가 분배받은 경우에는 증여세가 과세된다.

▶ 타인명의 계좌 : 아무런 대가관계 없이 타인명의 계좌에 입금하면 계좌의 명의자가 그 재산을 취득한 것으로 추정하여 증여세가 과세된다. 그러나 타인명의 계좌에 입금한 것이 증여가 아니라 다른 사정이 있었다는 것을 납세자가 객관적인 증빙을 제시하여 입증하면 증여세는 과세되지 않는다.

▶ 부모와 자녀 간 거래 : 특수관계자간 자금거래가 금전소비대차인지, 증

여인지 여부는 당사자간 계약내용, 이자지급사실, 차입금 상환 내역, 대여자의 자금출처, 차용한 자의 사용처 등 당해 자금거래의 구체적인 사실을 종합하여 판단할 사항이다.

배우자 또는 직계존비속에게 양도한 재산은 양도자가 그 재산을 양도한 때에 그 재산의 가액을 배우자 또는 직계존비속이 증여받은 것으로 추정한다. 그러나 배우자 또는 직계존비속에게 대가를 받고 양도한 사실이 명백히 인정되는 경우에는 매매거래로 인정된다.

▶ 상속세 대납 : 상속인 또는 수유자는 각자가 받았거나 받을 재산을 한도로 상속세를 연대하여 납부할 의무를 지는바, 연대납세의무자로서 각자가 받았거나 받을 상속재산의 한도 내에서 다른 상속인이 납부해야 할 상속세를 대신 납부한 경우에는 증여세가 부과되지 아니하며, 각자가 받았거나 받을 상속재산을 초과하여 대신 납부한 상속세액에 대하여는 다른 상속인에게 증여한 것으로 보아 증여세가 과세된다.

▶ 양수자가 양도소득세 부담 : 양수자가 부담한 최초 양도소득세는 양도가액에 포함되어 양도소득세가 과세되며(증여세 과세 안됨), 양수자 부담 최초 양도소득세를 양도가액에 포함하여 계산되는 양도소득세와 양도가액에 포함하기 전에 계산되는 양도소득세와의 차액은 증여세 과세대상에 해당하지 않는다.

▶ 취득원인 무효 판결 : 증여세 과세대상 재산이 취득원인 무효의 판결에 의해 그 재산상의 권리가 말소되는 경우에는 증여세를 과세하지 아니하며 과세된 증여세는 취소한다. 다만, 형식적인 재판절차만 경유한 사실이 확인되는 경우에는 증여세가 과세된다.

증여세 비과세 과세가액 불산입 재산

1. 비과세되는 증여재산

▶ 국가 또는 지방자치단체로부터 증여받은 재산의 가액

▶ 정당법의 규정에 의한 정당이 증여받은 재산의 가액

▶ 사회통념상 인정되는 이재구호금품, 치료비, 피부양자의 생활비, 교육비 기타 유사한 것으로서 해당 용도에 직접 지출한 것으로서 다음 어느 하나에 해당하는 것
① 학자금, 장학금, 기타 이와 유사한 금품
② 기념금, 축하금, 부의금 기타 이와 유사한 금품으로서 통상 필요하다고 인정되는 금품
③ 혼수용품으로서 통상 필요하다고 인정되는 금품(가사용품에 한하고 호화사치 용품이나 주택, 차량 등은 제외)

▶ 장애인을 수익자로 한 보험의 보험금으로서 연간 4천만 원 이하의 보험금

금품은 지급한 자별로 사회통념 상 인정되는 물품 또는 금액을 기준으로 하며, 생활비 또는 교육비의 명목으로 취득한 재산을 정기예금·적금 등에 사용하거나 주식, 토지, 주택 등의 매입자금 등으로 사용하는 경우에는 증여세가 비과세 되는 생활비 또는 교육비로 보지 않는다.
부양의무가 없는 조부가 손자의 생활비 또는 교육비를 부담한 경우는 비과세되는 증여재산에 해당하지 않는다. 조부가 손자를 부양할 의무가 있는지 여부는 부모의 부양능력 등 구체적인 사실을 확인하여 판단할 사항이다. 비과세 되는 학자금 또는 장학금은 학업수행을 위해 해당 자금을 사용하는 경우의 수증받은 재산을 말한다.

> □ 부의금과 결혼축의금의 세금문제
>
> 부의금 : 부의금은 사망 당시 피상속인의 재산이 아니므로 상속세 과세대상이 아니며, 상속인이 무상취득한 재산이므로 증여재산에 해당되나, 통상 필요하다고 인정되는 금품은 비과세로 규정. 또한 통상 필요하다고 인정되는 금품은 부의금 총액이 아니라 부의금을 지급한 사람별로 판단함.
>
> 결혼축의금 : 축의금의 귀속은 사회통념 등을 고려하여 구체적인 사실에 따라 판단할 사항이나 원칙적으로 혼주와 결혼당사자의 하객에 따라 혼주 또는 결혼 당사자에게 각각 귀속되는 것으로 봄이 타당함.

2. 과세가액 불산입 재산

▶ 장애인이 증여받은 재산의 과세가액 불산입 : 장애인이 타인으로부터 증여받은 재산(금전, 유가증권, 부동산)을 신탁업자에게 신탁하여 그 신탁의 이익을 전부 지급받는 경우에는 그 증여받은 재산가액(당해 장애인이 생존기간 동안 증여받은 재산가액 합계액으로 5억 원 한도)은 과세가액에 산입하지 않는다.

▶ 과세가액 불산입 요건
① 증여받은 재산의 전부를 자본시장과 금융투자업에 관한 법률에 따른 신탁회사에 신탁할 것
② 그 장애인이 신탁의 이익의 전부를 받는 수익자일 것
③ 신탁기간이 그 장애인이 사망할 때까지로 되어 있을 것
* 이 경우, 장애인이 사망하기 전에 신탁기간이 끝나는 경우에는 신탁기간을 장애인 사망할 때까지 계속 연장해야 함.

증여세 과세가액

증여재산가액	· 국내외 모든 증여재산가액
−	
비과세 및 과세가액 불산입	· 비과세 : 사회통념상 인정되는 피부양자의 생활비, 교육비 등 · 과세가액 불산입재산 : 공익법인 등에 출연한 재산 등
−	
채무부담액	· 증여재산에 담보된 채무인수액(증여재산 임대보증금 포함)
+	
증여재산가산액	· 해당 증여일 전 동일인*으로부터 10년 이내에 증여받은 재산 * 동일인 : 증여자가 직계존속인 경우 그 배우자 포함
=	
증여세 과세가액	

1. 채무

▶ 의미 : 증여재산가액에서 공제할 수 있는 채무란 해당 증여재산에 담보된 증여자의 채무(증여재산 관련 임대보증금 포함)로서 수증자가 인수한 채무를 말한다.

증여자가 부담하고 있는 채무를 수증자가 인수한 것으로 확인되는 경우에는 그 채무액을 차감하여 증여세 과세가액을 계산하고, 해당 채무는 소득세법 규정에 의한 유상양도에 해당하므로 증여자는 양도소득세 납세의무가 있다.

구분	세부사항
공제요건	해당 증여재산에 담보된 증여자의 채무(임대보증금 포함)로서 수증자가 인수한 금액
배우자 또는 직계존비속간 부담부증여	채무를 인수하지 않은 것으로 추정. 채무인수사실이 확인되면 부담부증여 인정
양도소득세	증여재산이 양도소득세 과세대상인 경우 증여가액 중 그 채무액에 상당하는 부분에 대하여 증여자에게 양도소득세 과세

▶ 부담부증여

① 정의 : 증여부동산에 담보된 증여자의 채무로서 수증자가 인수한 금액은 증여재산가액에서 차감되며, 증여세는 과세되지 않습니다. 그러나 수증자가 인수한 채무액에 대해서는 증여자에게 양도소득세가 과세된다.

② 담보된 채무가 제3자의 채무인 경우 : 증여재산가액에서 차감되는 채무는 증여재산에 담보된 증여자의 채무로서 수증자가 인수한 금액만 해당됩니다. 따라서, 증여재산에 담보된 제3자의 채무는 수증자가 인수하였더라도 증여재산가액에서 차감되지 않는다.

③ 채무자 명의를 수증자로 변경 안 한 경우 : 채무자 명의를 수증자로 변경하지 않았더라도 증여일 후 해당 채무를 실질적으로 수증자가 부담하고 있는 것이 확인되면 부담부증여로 인정되며, 인수한 채무액은 증여재산가액에서 차감된다.

④ 증여계약서에 채무인수내용을 안 적은 경우 : 증여계약서에 채무인수내용을 기재하지 아니하였더라도 사실상 수증자가 증여자의 채무를 인수한 때에는 부담부증여로 인정되며, 인수한 채무액은 증여재산가액에서 차감된다.

⑤ 담보된 채무를 현금으로 인계한 경우 : 수증자가 증여자의 전세보증금 채무를 증여자로부터 현금으로 인계받는 경우 수증자가 인수하여 부담한 채무가 없기 때문에 부담부증여에 해당하지 않는다.

2. 증여재산 가산액

해당 증여일 전 10년 이내 동일인으로부터 증여받은 증여세 과세가액의 합계액이 1천만 원 이상인 경우에는 그 과세가액을 해당 증여세 과세가액에 가산한다. 이 경우 동일인에는 증여자가 직계존속인 경우 배우자를 포함한다.

즉, 증여세는 증여를 받을 때마다 증여받은 당해 증여금액에 대해서만 계산해서 납부하는 것이 아니라 동일인으로부터 재차 증여를 받는 경우에는 해당 증여일 전 10년 이내에 증여받은 재산가액을 합산하여 증여세를 과세하고 기납부한 세액을 차감하여 납부할 세액을 계산한다. 이때, 증여자가 직계존속인 경우 직계존속과 그의 배우자는 동일인으로 본다(즉, 아버지와 어머니로부터 증여받은 가액은 합산과세하고, 할아버지와 할머니로부터 증여받은 가액도 합산과세함).

> ☐ **사례**
> 2015년 6월 아버지로부터 4억 원을 증여받고, 2025년 5월 어머니로부터 1억 원을 증여받은 경우 증여세 과세가액?
>
> 답: 5억 원

▶ 동일인(증여자가 직계존속인 경우 배우자 포함) : 동일인에는 증여자가 직계존속인 경우에는 그 직계존속의 배우자를 포함한다. 직계존속의 배우자가 이혼 또는 사별한 경우에는 동일인으로 보지 않으며 친부와 계모 또한 동일인으로 보지 않는다.

☐ 사례

1. 2020년 3월 아버지로부터 증여받고, 2025년 7월 어머니로부터 증여받은 경우
   답: 합산(아버지와 어머니는 동일인)

2. 2020년 4월 할아버지로부터 증여받고, 2025년 6월 아버지로부터 증여받은 경우
   답: 합산 X(할아버지와 아버지는 동일인 아님)

3. 2020년 5월 할아버지로부터 증여받고, 2025년 5월 할머니로부터 증여받은 경우
   답: 합산(할아버지와 할머니는 동일인)

☐ 사례

성년 자녀 A가 2021년 2월 1일에 부(父)로부터 현금 1억 원을 증여받는 경우로 해당 증여일 전 증여받은 현황은 다음과 같을 때에 증여재산가산액은?

(기 증여현황)
2020년 2월 1일, 부(父)로부터 현금 1천만원 증여받음.
2020년 5월 1일, 조부(祖父)로부터 현금 1억 원 증여받음.
2020년 7월 1일, 모(母)로부터 현금 5천만원 증여받음.
⇒ 증여재산가산액은 부(父)와 모(母)로부터 증여받은 현금 합계 6천만원임.

다음과 같이 증여 받은 경우 증여세 과세가액은?

증여자	수증자와의 관계	증여일자	증여가액
갑	모	2025.1.15.	5천만원
을	부	2025.3.15.	5천만원
병	외삼촌	2025.4.15.	1천만원
정	외숙모	2025.5.30.	1천만원

증여자	증여일자	증여세과세가액	비고
갑	2025.1.15.	5천만원	
을	2025.3.15.	1억 원	동일인 합산
병	2025.4.15.	1천만원	
정	2025.5.30.	1천만원	직계존속의 배우자×

☐ **사례**

2020년 3월 아버지로부터 토지 3억 원 증여받고, 2025년 3월 어머니로부터 현금 1억 원을 증여받는 경우 증여세 과세가액은?(토지의 2025년 3월 시가는 10억 원)

답: 4억 원(= 3억 원 + 1억 원, 각 증여일 현재 가액을 합산)

▶ 합산하는 증여재산가액 : 재차증여재산의 합산과세시 증여재산의 가액은 각 증여일 현재의 재산가액에 따름.

증여세 과세표준

증여세 과세가액						
−						
증여재산 공제	증여자	배우자	직계존속	직계비속	기타친족	기타
	공제 한도액*	6억 원	5천만원 2천만원**	5천만원	1천만원	없음
	* 증여재산공제 한도는 10년 간의 누적한도액 **수증자가 미성년자인 경우 2천만원					
−						
감정평가 수수료	· 부동산 감정평가업자의 수수료는 5백만원 한도 등					
=						
증여세 과세표준						

증여세 과세표준이란 증여세액의 산출이 기준이 되는 금액을 말하며 증여세 과세표준이 50만 원 미만일 때에는 증여세를 부과하지 않는다.

1. 증여재산공제

거주자인 수증자가 배우자, 직계존속, 직계비속, 기타 4촌 이내의 혈족 및 3촌 이내의 인척(기타친족)으로부터 증여받은 경우에는 다음 금액을 증여세 과세가액에서 공제한다.

이 경우 해당 증여 전 10년 이내에 공제받은 금액과 해당 증여가액에서 공제받을 금액의 합계액이 다음에 규정하는 금액을 초과하는 경우에는 그 초과하는 부분은 공제하지 않는다.

증여자와의 관계	증여재산공제액 한도액 (10년간 합산하여 공제할 수 있는 금액)
배우자	6억 원
직계존속	5천만원(미성년자가 직계존속으로부터 증여받은 경우 2천만원)
직계비속	5천만원
기타친족	1천만원
그 외	없음

▶ 증여재산공제는 수증자가 대한민국 거주자인 경우에만 적용되는 것이다.

▶ 증여를 받은 자(수증자) 기준으로 해당 증여일 전 10년 이내에 공제받은 금액과 해당 증여가액에서 공제받을 금액을 합친 금액(10년간 누적 공제액)은 증여자별이 아니라 증여자 그룹별로 배우자 그룹으로부터는 6억 원, 직계존속 그룹으로부터는 5천만 원(미성년자 2천만 원), 직계비속 그룹으로부터는 5천만 원, 기타친족 그룹으로부터는 1천만 원을 초과할 수 없다.

▶ 여러 친족이나 형제로부터 증여받는 경우 증여자별로 1천만 원씩 공제가 아니라, 수증자 기준으로 10년간 누적해서 총 1천만 원만 공제된다. 즉, 같은 날 증여받는 경우에는 공제액 1천만 원을 증여받은 금액 비율로 안분하여 증여자별 증여재산 가액에서 각각 공제하고, 날짜를 달리하여 증여받는 경우에는 공제액 1천만 원을 먼저 증여받은 금액에서부터 차례로 공제한다.

증여자와의 관계

배우자	민법상 혼인으로 인정되는 혼인관계에 있는 자를 말한다. 민법상 혼인은 가족관계등록법에 따라 혼인신고를 함으로써 성립하므로 사실혼 관계에 있는 공제대상 배우자에 해당되지 않는다.
직계존속 또는 직계비속	직계존비속은 수증자의 민법상 직계존속과 직계비속인 혈족을 말한다.
직계존속	수증자의 직계존속과 혼인(사실혼 제외)중인 배우자를 포함한다.
직계비속	수증자와 혼인중인 배우자의 직계비속을 포함합니다. 따라서 계부·계모와 자식 간의 증여 시에도 직계존비속으로 보아 기타친족이 아닌 직계존비속 공제액이 적용된다. 외조부모와 외손자는 직계존비속에 해당한다.
기타 친족	배우자와 직계존비속을 제외하고 수증자를 기준으로 4촌 이내 혈족, 3촌 이내 인척을 말한다.

사례

1. 아버지가 아들(성년, 거주자), 딸(성년, 거주자)에게 동시에 각각 1억 원씩 2025년 증여시 딸의 증여재산공제액은?

답 : 딸 5천만원 공제, 아들 5천만원 각각 공제(증여재산공제는 수증자별 기준으로 계산)

2. 아들(성년, 거주자)가 2020년 1월 할머니로부터 2억 원, 2025년 7월 아버지로부터 1억 원을 증여받은 경우 2025년 7월분 증여세 과세가액과 증여재산공제액은?

답 :
증여세 과세가액 : 1억 원(할머니는 동일인이 아니므로 합산하지 않음)
증여재산공제액 : 0원(할머니 증여분에서 이미 5천만원 기공제)

2. 혼인·출산 증여재산 공제

▶ 증여 기한 : 해당 공제는 2024.1.1. 이후 증여를 받는 분부터 적용되므로 2023.12.31. 이전에 증여받은 재산은 소급하여 공제가 적용되지 않는다.

▶ 요건 및 공제액 : 혼인출산공제는 다음 요건 중 하나에 해당하면 1억 원까지 공제받을 수 있다.

① 거주자가 직계존속으로부터 혼인일 전후 2년 이내에 증여를 받는 경우로서 증여일이 2024.1.1. 이후인 경우

② 거주자가 직계존속으로부터 자녀의 출생일 또는 입양일로부터 2년 이내에 증여를 받는 경우로서 증여일이 2024.1.1. 이후인 경우

구분	증여시점기준	공제금액	중복제한
혼인	혼인일 전후 2년 이내	최대 1억 원	출산공제 포함 1억 원
출산·입양	출생 또는 입양일 후 2년 이내	최대 1억 원	혼인공제 포함 1억 원

▶ 중복공제 가능 여부 : 법 규정에서 정한 요건을 만족하여 혼인일로부터 2년 이내에 1억 원의 혼인출산공제를 적용받은 경우, 자녀를 출산하면 추가로 1억 원의 혼인출산공제를 받을 수 없다.
해당 공제는 모두 합하여 1억 원까지 공제되므로 혼인 시 1억 원을 공제받았다면 출산 시 추가로 공제받을 수 없다.

▶ 출생한 손자녀에게 증여하는 경우 : 거주자인 자녀가 2023년 손자(녀)를 출산하여 2024년 중 1억 원을 증여하려고 한다. 자녀가 아닌 손자(녀)에게 증여한 경우에도 해당 공제는 거주자가 직계존속으로부터 자녀의 출생일 또는 입양일로부터 2년 이내에 증여를 받는 경우에 적용되는바, 출생한 손자(녀)가 증여받는 경우에는 적용되지 않는다.

▶ 조부모에게 증여받는 경우 : 해당 공제는 직계존속으로부터 증여받는 경우 공제 가능하므로 조부모에게서 증여받는 경우에도 적용 가능하다. 다만, 부모와 조부모에게서 각각 1억 원씩 공제받을 수는 없고 직계존속 모두 합하여 1억 원까지 공제 가능하다.

▶ 결혼예정자가 파혼한 경우 : 민법상 파혼 사유가 발생한 달의 말일부터 3개월 이내에 증여자에게 반환하면 처음부터 증여가 없었던 것으로 본다. 다만, 반환하지 아니한 경우에는 증여일로부터 2년이 되는 날이 속하는 달의 말일부터 3개월이 되는 날까지 수정신고(기한후신고)하면 본세와 이자상당액을 부과하고 가산세가 일부 또는 전부 면제된다.

▶ 이혼한 경우 : 혼인출산공제 적용 후 혼인관계를 유지하지 못하고 이혼한 경우에도 별다른 제재없이 공제가 그대로 유지된다. 다만, 조세회피 목적으로 증여받은 후 이혼한 것이 확인되는 경우에는 공제를 적용받을 수 없다.

3. 감정평가 수수료

증여재산 감정평가수수료는 증여세를 신고·납부하기 위하여 증여재산을 평가하는데 드는 수수료로서 감정평가가액으로 증여세를 신고·납부하는 경우에 한하여 공제하고, 감정평가 및 감정평가사에 관한 법률 제2조 제4호에 따른 감정평가업자의 평가에 따른 수수료는 증여세 납부목적용으로 한정하여 500만 원을 한도로 공제하며, 평가심의위원회가 신용평가전문기관에 평가 의뢰함에 따른 비상장주식등의 평가수수료는 평가대상 법인의 수 및 평가를 의뢰한 신용평가전문기관의 수 별로 각각 1천만 원을 한도로 공제한다.

세액계산과 공제감면세액

증여세 과세표준 ×						
세율	과세 표준	1억 이하	5억 이하	10억 이하	30억 이하	30억 초과
	세율	10%	20%	30%	40%	50%
	누진 공제	없음	1천	6천	1억6천	4억6천
= 산출세액	(증여세 과세표준 × 세율) − 누진공제액					
+ 세대생략 할증세액	수증자가 증여자의 자녀가 아닌 직계비속이면 할증(30% 또는 40%)함. 단 직계비속의 사망으로 최근친 직계비속에 증여하는 경우에는 제외					
− 세액공제	· 납부세액공제 : 해당 증여일 전 동일인으로부터 10년 이내에 증여받은 재산 합산분에 대한 증여세 상당액 · 신고세액공제 : 증여세 신고기한 까지 신고하는 경우 산출세액의 3% 공제					
= 자진납부 할 세액						

증여세 과세표준이란 증여세액의 산출이 기준이 되는 금액을 말하며 증여세 과세표준이 50만원 미만일 때에는 증여세를 부과하지 않는다.

1. 증여세 산출세액

증여세 산출세액은 과세표준에 세율을 곱하여 계산하는 것이며, 세율은 최저 10%부터 최고 50%까지의 5단계 초과누진세율 구조로 되어 있다.

과세표준	세율	누진공제
1억 원 이하	10%	-
5억 원 이하	20%	1천만원
10억 원 이하	30%	6천만원
30억 원 이하	40%	1.6억 원
30억 원 초과	50%	4.6억 원

2. 세대생략 할증세액

수증자가 증여자의 자녀가 아닌 직계비속인 경우에는 증여세를 할증하여 계산한다.

아버지(어머니)가 살아있는 상태에서 할아버지(외할아버지)가 손자(외손자)에게 증여하는 경우 증여세산출세액에 증여세산출세액의 30%(손자나 외손자가 만19세 미만의 미성년자로서 증여재산가액이 20억 원을 초과하는 경우에는 40%)를 가산하여 과세한다.

아버지(어머니) 사망 후 할아버지(외할아버지)가 손자(외손자)에게 증여하는 경우 증여자의 최근친인 직계비속이 사망하여 그 사망자의 최근친인 직계비속이 증여받은 경우에는 할증과세하지 않는다.

3. 납부세액공제

해당 증여일 전 10년 이내에 동일인으로부터 받은 증여재산가액을 과세가액에 가산하는 경우 가산한 증여재산의 산출세액과 한도액을 비교하여 작은 금액을 납부세액으로 산출세액에서 공제한다.

> ☐ 납부세액공제액 계산은 다음과 같습니다. : Min (①, ②)
> ① 가산한 증여재산의 산출세액
> ② 공제한도
> 증여세 산출세액 X 가산한 증여재산에 대한 과세표준 / 당해 증여재산과 가산한 증여재산가액의 합계에 대한 과세표준

4. 신고세액공제

증여세 과세표준을 신고기한까지 신고한 경우에는 적법하게 신고된 산출세액에서 공제세액 등을 차감한 금액에 신고세액공제율(3%)을 곱하여 계산한 금액을 공제한다.

증여재산평가

1. 증여재산가액 산정방법

증여일 현재의 시가로 산정한다.
다만, 시가를 산정하기 어려운 경우에는 기준시가 등 보충적평가액으로 산정한다.

2. 증여재산의 시가

▶ 정의 : 증여재산의 시가란 불특정 다수인 사이에 자유로이 거래가 이루어지는 경우에 통상 성립된다고 인정되는 가액을 말하는 것으로서, 증여일 전 6개월 후 3개월 이내의 기간 중 매매·감정·수용·경매 또는 공매가 있는 경우에는 그 확인되는 가액을 포함함.

▶ 시가의 인정범위 :

① 당해 재산에 대해 매매사실이 있는 경우 : 그 거래가액. 다만, 특수관계자와의 거래 등 그 거래가액이 객관적으로 부당하다고 인정되는 경우 등에는 제외됨.

② 당해 재산(주식 및 출자지분은 제외함)에 대하여 2 이상의 공신력 있는 감정기관이 평가한 감정가액이 있는 경우 : 그 감정가액의 평균액. 단, 해당재산이 기준시가 10억 이하인 경우에는 1 이상의 감정기관의 감정가액도 가능함.

③ 당해 재산에 대하여 수용·경매 또는 공매 사실이 있는 경우 : 그 보상가액·경매가액 또는 공매가액. 다만, 물납한 재산을 증여자·수증자 또는 그와 특수관계 있는 자가 경매 또는 공매받은 경우 등에는 그 경매가액 또는 공매가액은 시가로 보지 아니함.

④ 증여일 전 6개월부터 평가기간 내 증여세 신고일까지의 기간 중에 상속재산과 면적·위치·용도·종목 및 기준시가가 동일하거나 유사한 다른 재산에 대한 매매가액·감정가액의 평균액 등이 있는 경우 : 당해 가액

⑤ 평가기간에 해당하지 아니하는 기간으로서 증여일 전 2년 이내의 기간과 평가기간이 경과한 후부터 증여세 신고기한 후 6개월까지의 기간 중에 증여재산과 면적·위치·용도·종목 및 기준시가가 동일하거나 유사한 다른 재산에 대한 매매가액 ·감정가액 등이 있는 경우로서 납세자, 세무서장 등이 재산평가심의위원회에 해당 매매 등의 가액에 대한 시가 심의를 신청하고 위원회에서 시가로 인정한 경우 : 당해 가액

▶ 시가 적용시 판단기준일 : 증여일 전 6개월 후 3개월 이내에 해당하는지 여부는 다음에 해당하는 날을 기준으로 하여 판단함.

① 거래가액 : 매매계약일

② 감정가액 : 감정가액평가서의 작성일(가격산정기준일과 감정가액평가서 작성일이 모두 평가기간 이내이어야 함)

③ 수용·보상·경매가액 : 가액 결정일

▶ 시가 기타사항

① 시가가 둘 이상인 경우 : 증여일을 전후하여 증여일에 가장 가까운 날에 해당하는 가액을 증여재산가액으로 하되, 가장 가까운 날에 해당하는 가액이 둘 이상인 경우에는 그 가액들의 평균액을 증여재산가액으로 함.

② 시가 적용 순서 : 증여재산과 유사재산의 매매가액등이 모두 있는 경우 증여여재산의 매매가액등을 증여재산가액으로 한다. 유사재산의 매매가액 등은 증여재산의 매매가액등이 없는 경우에만 사용함.

③ 유사재산의 범위 : 해당 증여재산과 면적·위치·용도·종목 및 기준시가가 동일하거나 유사한 다른 재산을 말한다. 공동주택의 경우 평가대상 주택과 동일한 공동주택단지내에 있고, 주거전용면적의 차이가 평가대상 주택의 주거전용면적의 5% 이내이며, 공동주택가격의 차이가 평가대상 주택의 공동주택가격의 5% 이내이면 유사재산으로 본다. 유사재산에 해당하는 공동주택이 둘 이상인 경우에는 평가대상 주택과 공동주택가격 차이가 가장 적은 주택을 말함.

▶ 평가기간

① 평가기간 이내 시가 : 원칙적으로 증여일 전 6개월부터 증여일 후 3개월까지 기간 중 매매등이 있는 경우에는 해당 매매가액·감정가액·수용가액·민사집행법에 따른 경매가액·공매가액을 말하며, 신고기한 내에 신고한 경우 유사재산의 매매가액등은 평가기간 이내의 신고일까지의 가액을 말한다. 다만, 상장주식(코스피시장과 코스닥시장에서 거래되는 주권상장법인의 주식)은 증여일 이전·이후 2개월 동안 공포된 매일의 거래소 최종 시세가액의 평균액이 시가가 되며, 국세청장이 고시하는 가상자산사업자의 사업장에서 거래되는 가상자산[*]의 경우에는 증여일 전·이후 1개월 동안 가상자산사업자가 공시하는 일평균가액의 평균액을 시가로 봄(국세청장이 고시하는 가상자산사업자 외의 사업장에서 거래되는 가상자산[*]은 증여일에 해당 사업장에서 공시하는 일평균가액 또는 종료시각에 공시된 시세가액 등 합리적으로 인정되는 가격이 시가가 된다.).

* 2022.1.1. 이후 상속이 개시된 가상자산부터 적용

② 평가기간 밖의 시가 : 증여일 전 2년부터 증여일 전 6개월까지 기간

중에 또는 평가기간이 경과한 후부터 증여세 결정기한(신고기한부터 6개월)까지의 기간 중에 매매등이 있는 경우에도 증여일부터 매매계약일등까지의 기간 중에 가격변동의 특별한 사정이 없다고 보아 납세자, 지방국세청장 또는 관할세무서장이 신청하는 때에는 평가심의위원회의 심의를 거쳐 해당 매매가액등을 증여재산가액으로 할 수 있음.

③ 결정기간 내 과세관청 감정가액 : 보충적 평가액으로 신고한 부동산은 증여세 신고기한부터 6개월이 경과하기 전까지는 관할 세무서장등이 공신력 있는 둘 이상의 감정기관에 의뢰하여 감정평가한 가액으로 증여재산가액을 평가할 수 있다. 부동산 중 보충적 평가방법에 따라 재산을 평가하여 신고하고, 시가와의 차이가 큰 부동산을 중심으로 배정된 예산 범위 내에서 감정평가를 실시하며, 감정평가대상으로 과세관청이 선정하여 감정평가 하는 경우 그에 따른 감정평가 수수료 등 일체의 비용은 국세청이 부담한다. 추가 납부할 세액이 발생하는 경우 신고불성실 및 납부지연가산세는 면제됨.

> **참고내용**
>
> ▶ **분양권 · 조합원 입주권**
>
> ① 시가
> 분양권, 조합원입주권 시가는 국토교통부 실거래가 공개시스템에 올라와 있는 실거래가에서 증여일까지 납부되지 않은 중도금과 잔금을 차감하여 산정한다.
>
> ② 기준시가
> 시가가 없어 프리미엄이 확인되지 않는 분양권의 가액은 증여일까지 불입한 계약금과 중도금의 합계액으로 산정하며, 시가가 없어 프리미엄이 확인되지 않는 도시 및 주거환경정비법에 따른 조합원입주권의 가액은 조합원권리가액에 증여일까지 불입한 조합원 분담금을 합한 가액으로 산정한다.

2. 영리법인을 이용한 증여

지금까지는 개인에게 증여할 경우 일반적인 증여세에 대해 알아보았고 지금부터는 개인에게 증여할 경우와 영리법인에게 증여할 경우 차이점에 대해 살펴보겠다.

세율

개인이 타인으로부터 재산을 무상으로 이전 받을 경우 증여세가 부과되며 증여세의 세율은 다음과 같다.

과세표준	세율	누진공제
1억 원 이하	10%	0 원
1억 원 초과~ 5억 원 이하	20%	1,000만원
5억 원 초과~ 10억 원 이하	30%	6,000만원
10억 원 초과~ 30억 원 이하	40%	1억6,000만원
30억 원 초과	50%	4억6,000만원

반면 법인이 타인으로부터 재산을 무상으로 이전 받을 경우 자산수증이익으로 보아 법인세가 부과되며 법인세의 세율은 다음과 같다.

과세표준	세율	누진공제
2억 원 이하	9%	-
2억 원 초과~ 200억 원 이하	19%	2,000만원
200억 원 초과~ 3,000억 원 이하	21%	42,000만원
3,000억 원 초과	24%	942,000만원

전체적으로 법인세율이 증여세율 보다 낮아 보이는데 아버지가 아들에게 현금 30억을 증여했을 경우와 법인에 증여 했을 경우 세금이 얼마나 차이나는지 알아보겠다.

참고자료

증여세

증여재산가액	3,000,000,000원
+ 증여재산가산액	0원 (아들에게 처음 증여한 것으로 가정하여 0원)
= 증여세 과세가액	3,000,000,000원
− 증여재산공제	50,000,000원(아들이 미성년자가 아닌 것으로 가정하여 5천만원)
= 증여세 과세표준	2,950,000,000원

× 세율

과세표준	1억 이하	5억 이하	10억 이하	30억 이하	30억초과
세율	10%	20%	30%	40%	50%
누진공제	없음	1천	6천	1억6천	4억6천

− 산출세액	1,020,000,000원(29.5억 원 × 40% − 1.6억 원)
− 세액공제	납부세액공제 0원(아들에게 처음 증여한 것으로 가정하였기에 0원) 신고세액공제 30,600,000원
= 자진납부 할 세액	989,400,000원

법인세	
자산수증이익	3,000,000,000원(법인에서 발생한 다른 소득은 없다고 가정)
=	
법인세 과세표준	3,000,000,000원
×	
세율	(아래 표 참조)

과세표준	2억이하	200억이하	3,000억이하	3,000억초과
세율	9%	19%	21%	24%
누진공제	없음	2천	4억2천	94억2천

=	
법인세	550,000,000원(30억 원 × 19% − 2천만원)
+	
지방소득세	55,000,000원(법인세의 10%)
=	
자진납부할 세액	605,000,000원

아버지가 아들에게 현금 30억 원을 증여하면 약 10억 원의 증여세가 발생하고 아버지가 법인에게 증여하면 약 6억 원의 법인과 관련된 세금이 발생한다. 증여금액이 커질수록 적용되는 증여세율이 법인세율보다 높기 때문에 발생하는 현상이다.

그렇다면 무조건 법인에게 증여하는 것이 유리할 것 같지만 세법은 증여하는 자와 특별한 관계가 있는 법인에게 증여할 경우 주주에게 증여세가 과세될 수 있는데 이에 대해서는 뒤에서 추가적으로 알아보겠다.

합산과세

1. 개인증여

증여세 합산과세는 10년간 동일인(증여자가 직계존속이면 그 직계존속의 배우자를 포함)으로부터 받은 증여재산가액일 경우 가산된다.

> ☐ **사례**
> 2018년 2월 어머니가 아들에게 5억 시가 상가 증여
> 2025년 3월 아버지가 아들에게 현금 3억 증여
>
> ① 2018년 2월 어머니 5억 시가 아파트 증여
>
> | | |
> |---|---|
> | 증여재산가액 | 500,000,000원 |
> | + 증여재산가산액 | 0원(아들에게 처음 증여한 것으로 0원) |
> | = 증여세과세가액 | 500,000,000원 |
> | − 증여재산공제 | 50,000,000원(아들이 미성년자가 아닌 것으로 가정하여 5천만원) |
> | = 증여세과세표준 | 450,000,000원 |
> | × 세율 | (아래 표) |
>
> | 과세표준 | 1억 이하 | 5억 이하 | 10억 이하 | 30억 이하 | 30억초과 |
> |---|---|---|---|---|---|
> | 세율 | 10% | 20% | 30% | 40% | 50% |
> | 누진공제 | 없음 | 1천 | 6천 | 1억6천 | 4억6천 |
>
> | | |
> |---|---|
> | − 산출세액 | 80,000,000원(4.5억 원 × 20% − 1천만원) |

세액공제	납부세액공제 0원 (아들에게 처음 증여한 것으로 가정하였기에 0원)
=	신고세액공제 2,400,000원
자진납부 할 세액	77,600,000원

② 2025년 3월 아버지 현금 3억 증여

아버지와 어머니를 동일인이 아닌 별도로 보면 다음과 같이 계산되며 증여세는 총 116,400,000원(77,600,000원 + 38,800,000원) 발생한다.

증여 재산가액	300,000,000원
+	
증여재산 가산액	0원(아들에게 처음 증여한 것으로 0원)
=	
증여세 과세가액	300,000,000원
-	
증여재산 공제	50,000,000원(아들이 미성년자가 아닌 것으로 가정하여 5천만원)
=	
증여세 과세표준	250,000,000원
×	
세율	과세표준 / 1억 이하 / 5억 이하 / 10억 이하 / 30억 이하 / 30억초과 세율 / 10% / 20% / 30% / 40% / 50% 누진공제 / 없음 / 1천 / 6천 / 1억6천 / 4억6천
-	
산출세액	40,000,000원(2.5억 원 × 20% - 1천만원)
-	
세액공제	납부세액공제 0원(아들에게 처음 증여한 것으로 가정하였기에 0원) 신고세액공제 1,200,000원
=	
자진납부 할 세액	38,800,000원

하지만 상속세및증여세법에서는 아버지와 어머니를 동일인으로 보아 계산해야 하고 다음과 같이 증여세는 총 160,050,000원(77,600,000원 + 82,450,000원) 발생한다. 아버지에게 받은 현금 증여세 계산시 어머니에게 받은 아파트 증여가액이 합산됨으로써 증여가액이 높아지고 결국 높은 세율이 적용되기 때문에 각각 증여세를 계산하는 것보다 세금이 많아진다.

증여 재산가액 +	300,000,000원
증여재산 가산액 =	500,000,000원(아버지와 어머니는 동일인이므로 합산)
증여세 과세가액 −	800,000,000원
증여재산 공제 =	50,000,000원(아들이 미성년자가 아닌 것으로 가정하여 5천만원)
증여세 과세표준 ×	750,000,000원
세율	<table><tr><td>과세표준</td><td>1억 이하</td><td>5억 이하</td><td>10억 이하</td><td>30억 이하</td><td>30억초과</td></tr><tr><td>세율</td><td>10%</td><td>20%</td><td>30%</td><td>40%</td><td>50%</td></tr><tr><td>누진공제</td><td>없음</td><td>1천</td><td>6천</td><td>1억6천</td><td>4억6천</td></tr></table>
산출세액 −	165,000,000원 (7.5억 원 × 30% − 6천만원)
세액공제 =	• 납부세액공제 80,000,000원(어머니가 아들에게 증여시 발생한 증여세, 이중과세 방지) • 신고세액공제 2,550,000원
자진납부 할 세액	82,450,000원

2. 법인증여

법인에게 증여할 경우 개인과 달리 합산과세가 적용되지 않는다.

① 2018년 2월 어머니가 법인에 5억 시가 상가 증여

☐ **사례**

2018년 2월 어머니가 법인에 5억 시가 상가 증여
2025년 3월 아버지가 아들에게 현금 3억 증여

자산수증 이익	500,000,000원(법인에서 발생한 다른 소득은 없다고 가정)
=	
법인세 과세표준	500,000,000원
×	
세율	

과세표준	2억이하	200억이하	3,000억이하	3,000억초과
세율	9%	19%	21%	24%
누진공제	없음	2천	4억2천	94억2천

=	
법인세	75,000,000원(5억 원 × 19% − 2천만원)
+	
지방 소득세	7,500,000원(법인세의 10%)
=	
자진납부 할 세액	82,500,000원

② 2025년 3월 아버지 현금 3억 증여

증여 재산가액	300,000,000원
+	
증여재산 가산액	0원(아들에게 처음 증여한 것으로 0원)
=	
증여세 과세가액	300,000,000원
−	
증여재산 공제	50,000,000원(아들이 미성년자가 아닌 것으로 가정하여 5천만원)
=	
증여세 과세표준	250,000,000원
×	
세율	과세표준 / 1억 이하 / 5억 이하 / 10억 이하 / 30억 이하 / 30억초과 세율 / 10% / 20% / 30% / 40% / 50% 누진공제 / 없음 / 1천 / 6천 / 1억6천 / 4억6천
−	
산출세액	40,000,000원(2.5억 원 × 20% − 1천만원)
−	
세액공제	· 납부세액공제 0원 (아들에게 처음 증여한 것으로 가정하였기에 0원) · 신고세액공제 1,200,000원
=	
자진납부 할 세액	38,800,000원

어머니가 법인에 상가를 증여했던 금액은 아버지가 아들에게 증여한 현금 3억 원의 증여세 계산시 합산되지 않는다. 따라서 이때는 총 세금이 121,300,000원 (82,500,000원 + 38,800,000원) 발생하여 어머니와 아버지가 아들에게 증여하여 발생한 증여세 160,500,000원(77,600,000+82,450,000원) 보다 적게 발생한다. 다만 어머니가 법인에 증여시 그 법인의 아들이 주주인 경우 증여세가 발생할 수도 있는데 이 경우에는 증여세가 추가적으로 발생하여 세금이 늘어날 수도 있다.

3. 법인에 증여시 주주에게 증여세 부과

상증세법에서는 지배주주(지분율이 가장 높은 개인주주)와 그 친족이 직간접적으로 30% 이상의 지분율을 보유한 법인을 특정법인이라 하고 가족들로 구성된 한국의 많은 비상장 기업이 특정법인에 해당한다.

특정법인이 지배주주의 특수관계인과 법에서 정한 아래의 거래를 하는 경우 특정법인에게 법인세가 과세되는 것과는 별개로 특정법인의 지배주주들에게 간접적인 증여가 발생한 것으로 보아 증여세를 과세한다.

상기 거래를 통해 지배주주의 특수관계인이 외관상 특정법인에 이익을 준 것이지만 간접적으로 그 특정법인의 지배주주인 가족들에게 이익을 준 것으로 보아 일정 요건에 해당할 경우 법인세에 추가하여 증여세를 과세하겠다는 의미이다. 이에 대해 좀 더 자세히 살펴보겠다.

특정법인과의 거래를 통한 이익의 증여의제

1. 의미

영리법인이 증여를 받은 경우 자산수증이익으로 법인세가 과세되므로 증여세 납세 의무가 면제된다. 그렇다면 결손 법인에 자녀나 배우자와 같은 특수관계인을 주주로 하고 법인에 재산을 증여를 한다면 법인세 부담도 없고 증여세 부담도 없이 자녀나 배우자에게 실질적으로 증여하는 효과를 얻을 수가 있었다.

이와 같은 조세회피를 방지하고자 상증세법 제 41조를 신설하여 1997년 1월 1일부터 결손 법인에 대한 증여를 통하여 법인의 주주들에게 이익을 분여하는 경우 증여세를 과세하였고, 그 후 여러 가지 개정 사항을 거처 2020년 1월 1일부터는 결손 법인과 흑자 법인의 구분을 폐지하여 과세요건에 해당 할 경우 증여세가 과세되고 있다.

2. 과세요건

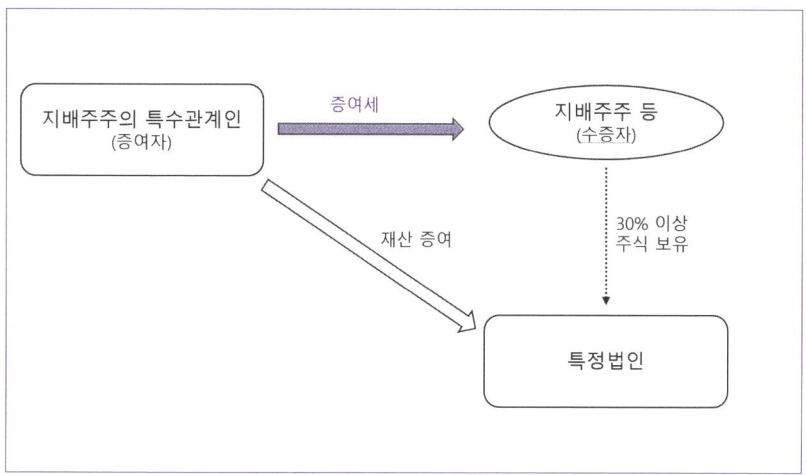

> **관련법령**
>
> ▶ 상증세법 45의5 ①
>
> 지배주주와 그 친족(지배주주 등)이 직접 또는 간접으로 보유하는 주식 보유비율이 30% 이상인 법인(특정법인)이 지배주주의 특수관계인과 과세대상 거래를 하는 경우에는 거래한 날을 증여일로 하여 그 특정법인의 이익에 특정법인의 지배주주가 직접 또는 간접으로 보유하는 주식비율을 곱하여 계산한 금액을 그 특정법인의 지배주주 등이 증여받은 것으로 본다.

특정법인과의 거래를 통한 이익의 증여의제의 과세요건을 요약하면 아래와 같다.

- 지배주주 등의 지분율이 30% 이상인 특정법인에 해당할 것
- 과세대상 거래에 해당할 것
- 지배주주의 특수관계인과 특정법인이 거래를 할 것

① 지배주주 등의 지분율이 30% 이상인 특정법인에 해당할 것
 ⓐ 특정법인의 범위 : 특정법인은 지배주주와 그 친족이 직접 또는 간접으로 보유하는 주식보유비율이 30% 이상인 법인으로 한다.
 ⓑ 지배주주의 범위 : 지배주주란 내국법인 또는 외국법인의 주식을 직접 또는 간접으로 보유하고 있는 자로서 다음 (a) 또는 (b)에 해당하는 자를 지배주주에 해당합니다.
  (a) 최대주주 중 직접보유비율이 가장 높은 자가 개인인 경우 : 해당 법인의 최대주주 중에서 그 법인에 대한 직접보유비율이 가장 높은 자가 개인인 경우에는 그 개인
  (b) 최대주주 중 직접보유비율이 가장 높은 자가 법인인 경우 : 해당 법인의 최대주주 중에서 그 법인에 대한 직접보유비율이 가장 높은 자가 법인인 경우에는 그 법인에 대한 직접보유비율과 간접보유비율을 모두 합하여 계산한 비율이 가장 높은 개인

② 과세대상 거래에 해당할 것
과세대상에 해당하는 거래를 사례를 들어 설명하면 아래와 같습니다.
 ⓐ 재산 또는 용역을 무상으로 제공받는 것 : 아버지가 아들이 지배주주로 있는 법인에 토지나 현금을 증여하는 것
 ⓑ 재산 또는 용역을 저가로 양도·제공 받는 것 :
  (a) 아들이 지배주주로 있는 법인이 아버지로부터 아파트나 토지 같은 부동산을 시가의 30% 또는 3억 원 이상 싸게 매입하는 것
  (b) 아들이 지배주주로 있는 법인이 아버지로부터 무이자로 자금을 차입하는 것
 ⓒ 재산 또는 용역을 고가로 양도·제공 하는 것 : 아들이 지배주주로 있는 법인이 아버지에게 아파트나 토지 같은 부동산을 시가의 30% 또는 3억 원 이상 비싸게 양도하는 것
 ⓓ 자본거래를 통하여 이익을 분여 받는 것 : 불균등 감자, 불균등 증자, 현물출자, 주식전환, 초과배당, 합병, 주식의 포괄적 교환·이전 등 자

본거래를 통하여 이익을 분여받는 것
ⓔ 채무를 면제·인수 또는 변제받는 것 : 아버지가 아들이 지배주주로 있는 법인에 빌려준 대여금을 포기하는 것

3. 증여세액 한도

① 증여의제이익

> 증여의제이익 = [법인의 세전 이익 – (법인세 산출세액 × 법인의 세전 이익/각사업연도소득금액)] × 지배주주 등의 지분율

ⓐ 증여의제이익이 1억 원 이상인 경우에만 과세됨.
ⓑ 1년 이내 동일거래시 이익별로 합산하여 금액기준을 계산 : 특정법인과의 거래를 통한 이익(상기 과세대상 거래 ⓐ ~ ⓔ의 거래에 따른 이익별로 구분된 이익)을 계산할 때 그 증여일로부터 소급하여 1년 이내에 동일한 거래가 있는 경우에는 각각의 거래에 따른 이익을 해당 이익별로 합산하여 각각의 금액 기준이 1억 원 이상에 해당하는지 여부를 산정한다.

② 증여세 한도 Min (ⓐ, ⓑ) : 다만 증여의제이익에 대한 증여세액이 그대로 과세되는 것이 아니라 한도가 있다. 증여의제이익에 대한 증여세액이 지배주주 등이 직접 증여받는 경우의 증여세 상당액에서 특정법인의 부담한 법인세 상당액을 차감한 금액을 초과한다면 그 초과액은 없는 것으로 본다.

ⓐ 증여의제이익에 대한 증여세액 계산

> 증여의제이익 = [법인의 세전 이익 – (법인세 산출세액 × 법인의 세전 이익 / 각사업연도소득금액)] × 지배주주 등의 지분율

ⓑ 증여세액 한도

> 한도 = 직접 증여받은 것으로 볼 경우의 증여세 - [(법인세 산출세액 × 법인의 세전이익/각사업연도소득금액) × 지배주주 등의 지분율]

사례

1. 사례 - 1

□ 갑법인의 주주 구성

- a 30,000주 b(배우자) 20,000주 c(아들) 25,000주 d(딸) 25,000주
○ 2024.6.5. a가 갑법인에 10억 원의 부동산을 증여함.

법인세 상당액은 1.7억 원 가정

성명	관계	주식수	지분율	증여가액	증여금액
a	본인	30,000	30%	8.3억 (10억-1.7억)	과세제외(본인)
b	배우자	20,000	20%		1.66억
c	아들	25,000	25%		2.075억
d	딸	25,000	25%		2.075억
합계		100,000	100%		

a는 본인으로부터 증여받은 재산에 해당하여 증여세 과세에서 제외되고 b, c, d는 증여금액이 1억 원 이상에 해당하여 증여세가 발생할 수 있다.

2. 사례 - 2

□ 갑법인의 주주 구성

- a 30,000주 b(배우자) 30,000주 c(아들) 10,000주 d(딸) 10,000주 d(손자) 10,000주, e(손녀) 10,000주

○ 2024.6.5. a가 갑법인에 10억 원의 부동산을 증여함.
법인세 상당액은 1.7억 원 가정

성명	관계	주식수	지분율	증여가액	증여금액
a	본인	30,000	30%	8.3억	과세제외 (본인)
b	배우자	30,000	30%		2.49억
c	아들	10,000	10%		0.83억 과세제외 (1억 미만)
d	딸	10,000	10%		
e	손자	10,000	10%		
f	손녀	10,000	10%		
합계		100,000	100%		

a는 본인으로부터 증여받은 재산에 해당하여 증여세 과세에서 제외되고 b는 증여금액이 1억 원 이상에 해당하여 증여세가 발생할 수 있다. c, d, e, f는 증여금액이 1억 원 미만으로 증여세 과세대상에서 제외된다.

3. 사례 - 3

– 아버지가 2018년 법인에 8억 시가 상가 증여
* 법인 주주 딸 100%
* 딸은 아버지로부터 처음 증여받는 것으로 가정
* 법인의 다른 소득은 없음을 가정

① 2018년 법인에 8억 시가 상가 증여

자산수증이익	800,000,000
과세표준	800,000,000
법인세	132,000,000
지방소득세	13,200,000
합계	145,200,000

② 주주에게 추가로 증여세 발생 여부 확인

관계	지분율	증여가액	증여금액
딸	100%	6.68억	6.68억

ⓐ 딸의 증여의제이익에 대한 증여세 140,400,000
668,000,000 x 30% - 60,000,000 = 140,400,000
ⓑ 딸의 증여의제이익에 대한 증여세 과세 한도 48,000,000

(직접 증여하는 경우 증여세 - 특정 법인이 부담한 법인세 상당액)
- 직접 증여하는 경우 증여세
  (800,000,000 x 100%) x 30% - 60,000,000 = 180,000,000
- 특정 법인이 부담한 법인세 상당액
  132,000,000 x 800,000,000/800,000,000 x 100% = 132,000,000
ⓒ 딸의 증여세 48,000,000

③ 총부담 세금 193,200,000원
- 법인세 132,000,000원
- 법인 지방소득세 13,200,000원
- 증여세 48,000,000원

4. 사례 - 4

아버지가 2018년 법인에 8억 시가 상가 증여
* 법인 주주 아버지 40%, 딸 30%, 아들 30%
* 아들과 딸 각각 아버지로부터 처음 증여받는 것으로 가정
* 법인의 다른 소득은 없음을 가정

① 2018년 법인에 8억 시가 상가 증여

자산수증이익	800,000,000
과세표준	800,000,000
법인세	132,000,000
지방소득세	13,200,000
합계	145,200,000

② 주주에게 추가로 증여세 발생 여부 확인

관계	지분율	증여가액	증여금액
아버지	40%		과세제외(본인)
아들	30%	6.68억	2.004억
딸	30%		2.004억

ⓐ 아들의 증여의제이익에 대한 증여세 30,080,000

200,400,000 × 20% − 10,000,000 = 30,080,000

ⓑ 아들과 딸의 증여의제이익에 대한 증여세 과세 한도 0

(직접 증여하는 경우 증여세 − 특정 법인이 부담한 법인세 상당액)
− 직접 증여하는 경우 증여세
(800,000,000 x 30%) x 20% − 10,000,000 = 38,000,000
− 특정 법인이 부담한 법인세 상당액
132,000,000 x 800,000,000/800,000,000 x 30% = 39,600,000

ⓒ 아들의 증여세 0

증여세 한도에 적용되어 아들의 증여세는 0원이다.
딸도 아들과 지분이 동일하기 때문에 마찬가지로 증여세는 0원이다.

③ 총부담 세금 145,200,000원
−법인세 132,000,000원
−법인 지방소득세 13,200,000원

시사점

새로운 투자목적으로 법인을 설립하거나 사업을 확장할 경우 설립 시 법인의 주주의 지분 구성이 중요하다.

사례-1과 사례-2를 비교해 보면 동일한 부동산 가액을 법인에 증여하였는데 사례-1의 경우 b, c, d에 증여세 과세문제가 발생할 수 있지만 사례-2의 경우 b에게만 증여세 과세문제가 발생한다.

사례-3과 사례-4는 좀더 구체적으로 증여세가 어떻게 발생하는지 계산해 보았는데 사례-3과 사례-4를 비교해 보면 동일한 부동산 가액을 법인에 증여하였음에도 지분 구성과 자녀들의 증여세 세율 적용 구간에 따라 세부담이 달라질 수 있음을 알 수 있다.

법인설립 시 가족들의 지분 구성 방법에 따라 증여세 과세가 발생할 수도 있고 발생하지 않을 수도 있다는 것을 알 수 있으므로 법인설립 시 추후 법인의 목적을 고려하여 주주들의 지분 구성을 어떻게 해야 할지 고민해야 한다.

4. 법인 활용 방안

법인의 유용성

법인을 활용할 경우 소득에 대한 세금 측면에서도 개인으로 투자할 경우보다 분산이 용이하여 절세가 가능하고 자금조달 측면에서 개인에 비해 여러 장점이 있다. 그리고 자산을 투자하거나 사업을 영위하는 과정에서 법인 소득의 궁극적인 귀속 주체를 법인의 주인인 자녀 주주들에게 확정하기 때문에 증여세나 상속세에서도 절세 혜택이 발생한다.

이러한 장점을 바탕으로 예를 들면, 가족들이 주주인 영리법인을 설립하고 법인을 이용하여 부동산투자 또는 금융자산에 투자하거나 신규사업을 진행할 수 있을 것이다.

위에서 살펴봤듯이 법인세가 상속세 및 증여세율 보다는 전반적으로 세율이 낮아 유리한 측면이 있으나 특정법인과의 거래를 통한 증여의제를 통해 세법상 제재가 발생한다. 하지만 특정법인과의 거래를 통한 증여이익 의제는 수증자 별로 1억 원 이상인 경우에만 과세가 되기 때문에 이를 여러 가지 방법으로 활용할 수 있다. 활용 방안 중 가수금 플랜에 대해서 좀 더 자세히 살펴보겠다.

사례

아버지가 앞으로 부동산 가치가 많이 오를 것 같은 투자처를 알게 되어 아들과 딸 명의로 투자를 하고 싶은데 투자 필요 자금은 40억이고 아들과 딸에게 자금이 없는 상황을 가정해 보자.

1. 아들과 딸 개인 명의로 부동산 취득(아들 지분 50%, 딸 지분 50%)

① 아들과 딸에게 현금 증여

증여 재산가액	2,000,000,000원
+ 증여재산 가산액	0원(아들에게 처음 증여한 것으로 0원)
= 증여세 과세가액	2,000,000,000원
- 증여재산 공제	50,000,000원(아들이 미성년자가 아닌 것으로 가정하여 5천만원)
= 증여세 과세표준	1,950,000,000원

× 세율	과세표준	1억 이하	5억 이하	10억 이하	30억 이하	30억초과
	세율	10%	20%	30%	40%	50%
	누진공제	없음	1천	6천	1억6천	4억6천

- 산출세액	525,000,000원(19.5억 원 × 30% - 6천만원)
- 세액공제	· 납부세액공제 0원 (아들에게 처음 증여한 것으로 가정하였기에 0원) · 신고세액공제 15,750,000원
= 자진납부 할 세액	509,250,000원

아들에게 20억 딸에게 20억 원의 현금 증여를 하면 각각 약 5.1억 원 총 10.2억 증여세가 발생한다. 증여세를 납부하고 나면 투자자금이 부족해지므로 더 많은 금액을 증여할 수 밖에 없다. 그리고 위의 상황은 아들과 딸에게 처음 증여 했음을 가정한 것이므로 아버지가 이전에 증여한 적이 있다면 더 많은 증여세가 발생할

수 있어 현실적으로 많은 자금이 필요해 쉽지 않은 방법이다.

② 아들과 딸에게 현금 대여

아버지가 아들과 딸에게 자금을 각각 10억 원씩 대여하면서 차용증을 작성할 수 있다. 개인간의 자금 대여는 사적 영역이고 아버지가 아들이나 딸에게 자금을 못빌려 줄 이유는 없다. 하지만 개인간의 자금 대여의 내역이 국세청에 신고되지 않아 파악하기 힘들어 자금 여력이 부족한 자녀들이 많은 자금이 필요한 부동산을 취득할 경우 자금출처 세무조사를 받을 가능성이 커진다.

또한 자금을 대여할 때는 법에서 정한 이자율인 4.6%(반드시 4.6%는 아니고 대여 자금의 규모에 따라 조금 낮출 수도 있다)의 이자율로 빌려줘야 하는데 자녀가 매년 4.6%의 이자인 4천6백만원을 부담할 여력이 없는 경우가 일반적이다.

2. 법인 명의로 부동산 취득

아버지가 법인에게 40억을 무이자로 대여하는 경우 세금 이슈에 대해 살펴보자. 아버지가 법인에게 무이자로 대여할 경우 법인은 법에서 정한 4.6%의 이자를 지급하지 않았기에 법인은 매년 1.84억 원의 이익이 발생했다고 볼 수 있다.

아들과 딸의 지분이 각각 50%인 법인은 특정법인으로 볼 수 있어 증여세가 발생할 수 있는 형태의 법인이나, 법인에 발생한 이익에 자녀들의 지분을 곱한 금액이 0.92억 원으로 1억 원 미만이라 과세요건에 해당하지 않아 별도의 증여세 부담이 발생하지 않는다.

관계	지분율	증여가액	증여금액
아들	50%	1.84억	0.92억 과세제외(1억 미만)
딸	50%		0.92억 과세제외(1억 미만)

3. 시사점

위 사례에서 볼 수 있듯이 법인으로 투자 시 개인에 비해 자금 조달이 용이하며 지분구조나 자금 규모에 따라 증여세가 발생하지 않게 구조를 만들 수 있다. 그리고 추후 부동산 가치가 올라 매각할 경우 법인세율이 개인의 양도세율보다 낮아 세금 부담이 적어 매각 자금으로 재투자 할시에도 유리하며, 법인에서 발생한 이익을 자녀들에게 분배할 경우에도 배당 시기를 조절할 수 있어 세부담을 최소화 하면서 진행할 수 있다.

CHAPTER 6

2025 영리법인 200% 활용법

영리법인을 이용한 상속세 절세

Chapter 06 영리법인을 이용한 상속세 절세

영리법인을 이용한 상속세 절세를 알아보기 전에 상속세 과세체계 등 전반적인 내용에 대해 먼저 살펴보자.

1 일반적인 상속

민법상 상속제도

1. 상속

상속은 자연인이 사망하였을 때 사망과 동시에 그와 일정한 친족적 신분관계에 있는 사람에게 그 사망자의 재산적 권리나 의무가 포괄적으로 당연히 승계되는 법률적 효과가 발생하는 것을 말한다.

상속은 자연인의 사망에서 일어나므로 법인이나 단체가 사망하거나 상속할 수는 없다.

2. 유증과 사인증여

사망으로 인한 재산상속의 형태에는 의사표시가 필요 없이 법률상 당연히 이전되는 상속 이외에 의사표시가 필요한 유증 및 사인증여가 있다.

상증법에서는 유증·사인증여도 사망으로 인하여 상속인들에게 재산이 무상으로 이전 된다는 점에서 상속과 동일하여 상속세 과세대상으로 규정하고 있다.

3. 재산분할

민법상 상속분은 피상속인의 의사에 따라 정해지는 지정상속분과 법률의 규정에 따라 정해지는 법정상속분으로 구분하고 있다.

가. 지정상속분 : 피상속인은 유언에 의하여 공동상속인의 상속분을 지정할 수 있다. 유언에 의하여 피상속인은 법정상속분에 우선하여 유증받는 자로 하여금 상속재산을 취득하게 할 수 있는 것이다. 그러나 민법에서는 유류분 제도를 두어 유증을 받지 못한 상속인이라도 최소한도로 받을 수 있는 상속분을 법적으로 보장하고 있다.

나. 법정상속분 : 피상속인이 공동상속인의 상속분을 지정하지 아니한 경우에는 민법에서 규정한 법정상속분에 따라 상속재산을 분할하게 된다.

① 상속의 순위 : 상속에 있어서는 다음의 순위로 상속인이 된다.

1순위	직계비속과 배우자	항상 상속인이 된다.
2순위	직계존속과 배우자	1순위가 없는 경우에 상속인이 된다.
3순위	형제자매	1, 2순위가 없는 경우에 상속인이 된다.
4순위	4촌 이내의 방계혈족	1, 2, 3순위가 없는 경우에 상속인이 된다.

참고자료

같은 순위의 상속인이 여러 명인 경우에는 피상속인과 촌수가 가까운 자가 상속인이 되고, 촌수가 같은 상속인이 여러 명인 경우에는 공동상속인이 된다.

(예시) 아들 A, 딸 B, 손자녀 C와 D가 있는 경우
⇒ 아들 A와 딸 B가 공동 상속인이 되며, 손자녀 C와 D는 상속인이 될 수 없다.

태아는 상속순위를 결정할 때는 이미 출생한 것으로 본다.

배우자는 직계비속과 같은 순위로 공동상속인이 되며, 직계비속이 없는 경우에는 2순위 상속인인 직계존속과 공동상속인이 된다. 직계비속과 직계존속이 없는 경우에는 단독 상속인이 된다.

상속인이 될 직계비속 또는 형제자매가 상속개시 전에 사망하거나 결격자가 된 경우에 그 직계비속이 있는 때에는 그 직계비속이 사망하거나 결격된 자의 순위에 갈음하여 상속인이 된다.

(예시) 아들 E와 아들 E의 배우자, 아들의 자녀인 F가 있는 경우에 아들 E가 상속개시일 전 사망한 경우
⇒ 아들 E가 상속인이나 사망했기 때문에 아들 E의 배우자와 아들의 자녀인 F가 상속인이 된다.

② 법정상속분 : 법정상속분이란 피상속인의 상속분에 대한 지정이 없는 경우 민법의 규정에 따라 결정되는 상속분을 말한다.
ⓐ 같은 순위의 상속인이 여러 명인 때에는 그 상속분은 동일하다.
ⓑ 피상속인 배우자의 상속분은 직계비속과 공동으로 상속하는 때에는 직계비속의 상속분에 5할을 가산하고, 직계존속과 공동으로 상속하는 때에는 직계존속의 상속분에 5할을 가산한다.

> 상속인이 자녀 1인, 배우자인 경우 법정상속분은?
> ☞ **자녀 2/5, 배우자 3/5**
>
> 상속인이 자녀 2인, 배우자인 경우 법정상속분은?
> ☞ **자녀 각각 2/7, 배우자 3/7**

4. 협의에 따른 분할

유언에 따른 상속의 경우를 제외하고, 공동상속인은 언제든지 협의에 의하

여 상속재산을 분할할 수 있으며 협의에는 공동상속인 전원이 참가하여야 한다.

상속재산의 분할은 상속 개시 시점에 소급하여 그 효력이 있다.

5. 유류분 제도

유류분 제도는 피상속인의 재산처분의 자유에 일정한 비율의 제한을 가하여 그 비율액 만큼 상속인에게 승계될 수 있도록 보장하는 제도로서 유류분은 피상속인의 증여나 유증에 의해서도 침해되지 않는 상속재산의 일정부분을 말한다.

피상속인이 유류분을 침해하는 유증이나 증여를 하는 경우 그 유류분 권리자는 자기가 침해당한 유류분에 대해 반환을 청구할 수 있다.

유류분의 비율은 다음과 같다.

> ① 피상속인의 배우자 또는 직계비속 : 법정상속분의 2분의 1
> ② 피상속인의 직계존속 또는 형제자매 : 법정상속분의 3분 1

6. 상속의 승인 및 포기

상속이 개시되면 피상속인의 재산상의 모든 권리·의무는 상속인의 의사와는 관계없이 법률상 당연히 상속인에게 포괄적으로 승계된다.

그러나 피상속인의 상속재산이 적극 재산보다 채무가 많은 경우 상속인에게 부담이 되므로 이를 보호할 필요성에 상속포기 또는 한정승인 제도를 두고 있다.

① 단순승인 : 단순승인은 상속인이 피상속인의 권리·의무를 제한 없이 승계하는 형태이다. 상속인이 단순승인을 하면 상속인은 상속채무에 대

하여 무한책임을 지게 되므로 피상속인의 채무를 상속받은 재산으로 변제할 수 없는 때에는 상속인 자기 고유재산으로 변제해야 한다.

② 한정승인 : 한정승인은 상속인이 상속으로 인하여 얻은 재산의 한도 내에서 피상속인의 채무와 유증을 변제할 조건으로 상속을 승인하는 것이다.

③ 상속포기 : 상속의 포기란 상속의 개시로 인하여 발생한 상속인으로서의 효력인 피상속인의 재산에 대한 모든 권리·의무의 승계를 부인하고 처음부터 상속인이 아니었던 효력을 생기게 하려는 단독의 의사표시이다. 한편, 상증법에서는 상속포기한 상속인이라도 상속개시 전 10년 이내에 피상속인으로부터 증여받은 재산이 있거나 사용처 불분명으로 추정상속 재산이 있는 경우에는 상속세 납세의무 및 연대납세의무가 있다.

상속세 개요

상속세란 사망으로 인해 그 재산이 가족이나 친족 등에게 무상으로 이전되는 경우에 당해 상속재산에 대하여 부과되는 세금을 말한다.

1. 상속세 과세범위와 상속개시일

1) 상속세 과세대상

① 피상속인의 거주자 여부에 따른 과세대상 : 피상속인이 상속개시일 현재 거주자 또는 비거주자인지 여부에 따라 상속세 과세대상 범위는 다음과 같이 다르다.

피상속인	과세대상
거주자	상속개시일 현재 피상속인 소유의 국내·국외에 있는 모든 상속재산
비거주자	상속개시일 현재 피상속인 소유의 국내에 있는 모든 상속재산

② 거주자와 비거주자의 판단 : 증여세 페이지 참조

2) 상속세 납부의무

① 상속인 또는 수유자 : 상속세 신고·납부의무가 있는 납세의무자에는 상속을 원인으로 재산을 물려받는 "상속인"과 유언이나 증여계약 후 증여자의 사망으로 재산을 취득하는 "수유자"가 있다. 상속인 또는 수유자는 부과된 상속세에 대하여 상속재산(합산대상증여재산과 추정상속재산 포함) 중 각자가 받았거나 받을 재산을 기준으로 계산한 점유비율에 따라 상속세를 납부할 의무가 있다.

② 영리법인의 주주 등 : 특별연고자 또는 수유자가 영리법인인 경우로서 그 영리법인의 주주 또는 출자자 중 상속인과 그 직계비속이 있는 경우에는 그의 지분상당액을 그 상속인과 그 직계비속이 납부할 의무가 있다. 2026.1.1. 이후 상속분부터는 납세의무자에 상속인과 그 직계비속의 배우자도 포함되는 것으로 세법개정안이 발의되었으므로 개정여부를 살펴보아야 한다.

③ 연대납부의무 : 상속인 또는 수유자는 상속재산 중 각자가 받았거나 받을 재산(=자산총액 - 부채총액 - 상속세액)을 한도로 연대하여 납부할 의무를 진다. 이 경우 상속으로 인하여 얻은 자산에 사전증여재산이 포함되며, 차감하는 상속세액에 사전증여에 따른 증여세가 포함된다.

> 1. 상속공제 한도 내에서 일반적으로 상속재산가액 5억 원(피상속인의 법적 배우자가 함께 생존해 있는 경우에는 10억 원)까지는 상속세를 내지 않는다.
>
> 2. 상속을 포기한 상속인도 상속개시 전 10년 이내에 피상속인으로부터 증여받은 재산이 있거나, 사용처 불분명 추정상속재산이 있는 경우에는 상속세 납부의무를 부담한다.

상속세 과세대상

1. 상속세 과세범위와 상속개시일

1) 본래의 상속재산

상속개시일 현재 피상속인에게 귀속되는 모든 재산을 말하며, 금전으로 환산할 수 있는 경제적 가치가 있는 모든 물건과 재산적 가치가 있는 법률상 또는 사실상의 모든 권리(예 : 특허권·실용신안권·상표권·디자인권 및 저작권, 영업권 등)를 포함한다. 다만, 피상속인의 일신에 전속하는 것으로 피상속인의 사망으로 인하여 소멸되는 것은 제외된다.

* 변호사, 공인회계사, 세무사 등 전문자격, 교수 자격 등

2) 간주상속재산

상속개시일 현재 상속·유증·사인증여로 취득한 재산이 아니더라도 상속 등과 유사한 경제적 이익이 발생하는 보험금·신탁재산·퇴직금 등은 상속재산으로 보아 과세한다.

 가. 보험금 : 피상속인의 사망으로 인하여 지급받는 생명보험 또는 손해보험의 보험금으로서 피상속인이 보험계약자(보험계약자가 피상속인 외의 자이나 피상속인이 실제 보험료를 납부한 경우 포함)인 보험계약에

의하여 받는 것

나. 신탁재산 : 피상속인이 신탁한 재산의 경우 그 신탁재산가액과 피상속인이 신탁으로 인하여 신탁의 이익을 받을 권리를 소유한 경우 그 이익에 상당하는 가액

다. 퇴직금 등 : 피상속인의 사망으로 인하여 피상속인에게 지급될 퇴직금, 퇴직수당, 공로금, 연금 또는 이와 유사한 것으로 국민연금법, 공무원연금법 등 각종 법령에 따라 지급되는 유족연금 등은 상속재산에 포함되지 않는다.

3) 추정상속재산

가. 의미 : 상속개시일 전 재산을 처분하거나 예금을 인출 또는 채무를 부담한 경우로서 사용처가 객관적으로 명백하지 아니한 금액은 이를 상속인이 상속받은 것으로 추정하여 상속세 과세가액에 포함된다. 피상속인이 재산을 처분하여 받은 그 처분대금 또는 피상속인의 재산에서 인출한 금액에 대해 상속인이 구체적인 사용처를 규명해야하는 대상은 다음과 같다.

> 상속개시일 전 1년(2년) 이내에 재산종류별로 계산하여 피상속인이 재산을 처분하여 받거나 피상속인의 재산에서 인출한 금액이 2억 원(5억 원) 이상인 경우

> **재산종류별의 구분**
> 1. 현금·예금 및 유가증권
> 2. 부동산 및 부동산에 관한 권리
> 3. 1 ~ 2 외의 기타재산

> **참고자료**
>
> 추정상속재산은 다음과 같이 계산한다.
>
> 1. 피상속인이 재산을 처분하여 받은 그 처분대금 또는 피상속인의 재산에서 인출한 금액에 대하여 사용처가 불분명한 경우
> 추정상속재산 = 미입증금액 − Min(처분재산가액 등 × 20%, 2억 원)
>
> 2. 국가, 지방자치단체, 금융기관으로부터 차입하여 피상속인이 부담한 채무로 사용처가 불분명한 경우
> 추정상속재산 = 미입증금액 − Min(처분재산가액 등 × 20%, 2억 원)
>
> 3. 국가, 지방자치단체, 금융기관이 아닌 자로부터 차입하여 피상속인이 부담한 채무로 사용처가 불분명한 경우
> 추정상속재산 = 미입증금액 전체
>
>> 【예시】 상속개시일 1년 이내 부동산 처분금액이 5억 원이나, 그 용도가 확인된 금액이 2억 원인 경우 상속세 과세가액에 가산하는 금액은?
>> ⇒ 추정상속재산 2억 원 = 미입증금액 3억 원(처분금액 5억 원 − 용도 확인된 금액 2억 원) − Min(처분재산가액 5억 원 × 20%, 2억 원)

나. 추정상속재산 인출액의 의미 : 상속개시일 전 1년 또는 2년 이내에 인출한 금전 등의 합계액에서 당해 기간 중 예입된 금전등의 합계액을 차감하여 산정하되, 그 예입된 금전 등이 당해 통장 또는 위탁자계좌 등에서 인출한 금전 등이 아닌 것은 차감하지 않는다.

4) 상속재산가액 사례

가. 합의금, 보상금 : 유족인 상속인이 교통사고 가해자측으로부터 수령한 위자료 성격의 합의금이나 보상금 등은 상속세 과세대상이 아니다.

나. 유족보상금, 유족위로금

① 업무상 사망 : 근로자의 업무상 사망으로 인하여 「근로기준법」 등을 준용하여 사업자가 그 근로자의 유족에게 지급하는 유족보상금 등은 상속세 과세대상이 아니다.

② 업무 외 사망 : 근로자가 업무 외의 사유로 사망하여 그 근로자의 유족이 회사로부터 「노동조합 및 노동관계조정법」에 따른 단체협약에 따라 위로금 성격으로 지급받는 유족위로금은 상속세 과세대상이다.

다. 유족연금 : 국민연금법에 따라 지급되는 유족연금 또는 사망으로 인하여 지급되는 반환일시금은 상속세 과세대상이 아니다.

라. 사인증여 : 피상속인 사망 후 소유권 이전 등기가 이루어진 재산은 상속재산이기 때문에 상속세 과세대상이며, 증여세는 과세되지 않는다.

상속세 과세가액

	총상속재산가액	본래의 상속재산(상속·유증·사인증여) 간주 상속재산(보험금, 신탁재산, 퇴직금 등) 추정 상속재산(상속개시 전 1년 또는 2년 내 처분·인출·채무부담액 중 용도 불분명한 재산가액)
(−)	비과세	국가 등에 유증한 재산 금양 임야 등
(−)	과세가액 불산입	공익법인 등에 출연한 재산
(−)	공제금액	공과금 장례비 채무
(+)	합산대상 증여재산	상속개시 전 10년 이내에 피상속인이 상속인에게 증여한 재산 상속개시 전 5년 이내에 피상속인이 상속인이 아닌 자에게 증여한 재산
(=)	상속세 과세가액	

1. 비과세되는 상속재산

- 국가·지방자치단체 또는 공공단체에 유증(사인증여 포함)한 재산
- 문화재보호법에 따른 국가지정문화재 및 시·도 지정문화재와 같은 법에 따른 보호구역 안의 토지로서 당해 문화재 등이 속한 토지
- 피상속인이 제사를 주재하고 있던 선조의 분묘에 속한 9,900㎡ 이내의 금양임야 및 분묘에 속하는 1,980㎡ 이내의 묘토인 농지(한도액 2억 원)
- 족보 및 제구(한도액 1천만 원)
- 정당법에 따른 정당에 유증 등을 한 재산
- 근로복지기본법에 따른 사내근로복지기금 또는 근로복지본법에 따른 우리사주조합 및 근로복지진흥기금에 유증 등을 한 재산

- 사회통념상 인정되는 이재구호금품, 치료비 그 밖의 불우한 자를 돕기 위하여 유증한 재산
- 상속재산 중 상속인이 신고기한 이내에 국가·지방자치단체나 공공단체에 증여한 재산

2. 과세가액 불산입재산

문화의 향상, 사회복지 및 공익의 증진을 목적으로 하는 공익법인 등이 출연받은 재산은 상속세 과세가액에 산입되지 않는다.

① 상속세 과세표준 신고기한 이내에 공익법인 등에게 출연한 재산
② 상속세 과세표준 신고기한 이내에 공익신탁을 통하여 공익법인 등에 출연하는 재산의 가액

그러나 공익과 선행을 앞세워 변칙적으로 증여세 탈세수단으로 이용되는 사례를 방지하기 위하여 일정한 요건과 규제조항을 두어 당해 요건 위배 시 상속세를 추징하게 된다.

3. 공과금·장례비용·채무 공제액

상속재산가액에서 차감하는 공과금·장례비용·채무는 다음과 같다.

가. 공과금 : 공과금이란 상속개시일 현재 피상속인이 납부할 의무가 있는 것으로서 상속인에게 승계된 조세·공공요금 등을 말한다. 상속개시일 이후 상속인의 귀책사유로 납부하였거나 납부할 가산세·가산금·체납처분비·벌금·과료·과태료 등은 공제할 수 없다. 피상속인이 비거주자인 경우에는 당해 상속재산에 관한 공과금만 상속재산가액에서 차감할 수 있다.

나. 장례비용 : 장례비용이란 피상속인의 사망일부터 장례일까지 장례에

직접 소요된 금액과 봉안시설의 사용에 소요된 금액을 말한다. 장례에 직접 소요된 금액은 봉안시설의 사용에 소요된 금액을 제외하며, 그 금액이 5백만 원 미만인 경우에는 5백만 원을 공제하고 1천만 원을 초과하는 경우에는 1천만 원까지만 공제한다. 봉안시설, 자연장지에 사용된 금액은 별도로 5백만 원을 한도로 공제한다. 피상속인이 비거주자인 경우에는 장례비를 공제하지 않는다.

다. 채무 : 채무란 상속개시일 현재 피상속인이 부담하여야 할 확정된 채무로서 공과금 이외의 모든 부채를 말하며 상속인이 실제로 부담하는 사실이 입증되어야 한다.
- 국가·지방자치단체·금융기관의 채무 : 당해 기관에 대한 채무임을 확인할 수 있는 서류
- 그 밖의 채무 : 채무부담계약서, 채권자확인서, 담보설정 및 이자지급에 관한 증빙 등에 의하여 그 사실을 확인할 수 있는 서류
- 피상속인이 비거주자인 경우에는 당해 상속재산을 목적으로 하는 임차권, 저당권 등 담보채무, 국내사업장과 관련하여 장부로 확인된 사업상 공과금 및 채무 등에 한정하여 차감할 수 있다.

4. 과세가액에 합산하는 사망 전 증여재산

피상속인이 사망하기 전 일정 기간 내에 증여한 재산의 가액은 상속세과세가액에 가산한다. 상속개시일 전 10년 이내에 피상속인이 상속인에게 증여한 재산가액과 상속개시일 전 5년 이내에 피상속인이 상속인이 아닌 자에게 증여한 재산가액은 상속세 과세가액에 가산한다.
- 수증받은 상속인과 상속인 외의 자의 구분방법 : 수증자가 상속인인지, 상속인이 아닌지에 따라서 가산하는 증여재산의 합산대상 기간이 달라

지므로 구분하는 것은 매우 중요하다.

가. 상속인 여부 판단시점 : 상속세 과세가액에 합산하는 증여재산의 합산 기간과 관련하여 상속인과 상속인 외의 자에 대한 구분은 상속개시일 현재를 기준으로 판단한다.

> 할아버지가 손자에게 2020년에 증여한 후, 2025년 아버지 사망 후 2027년 할아버지가 사망한 경우 손자에게 증여한 재산가액을 상속세 과세가액에 가산해야 하는지?
> ☞ 가산하여야 함. 증여당시는 상속인이 아니었으나, 할아버지 사망 시에는 상속인에 해당함.

나. 상속인과 상속인이 아닌 자의 구분 : 증여재산을 합산할 때 상속인의 범위는 민법에 따른 선순위 상속인에 한정된다. 예를 들어 피상속인이 직계비속과 형제자매에게 증여한 재산이 있다면 1순위 상속인인 피상속인의 직계비속 증여 분은 상속인으로 보아 상속개시 전 10년 이내 증여재산을 가산하고, 형제자매는 상속인 외의 자로 보기 때문에 5년 이내 증여받은 재산만 상속재산에 가산한다.

- 가산하는 증여재산의 합산가액
  ① 가산하는 가액은 당초 증여 당시의 평가가액으로 함 : 상속재산의 가액에 가산하는 증여재산의 가액은 상속개시일이 아닌 증여일 현재의 시가에 따라 평가한다.
  ② 부담부 증여재산은 채무를 공제한 가액을 가산함.

상속세 과세표준과 상속공제

	상속세 과세가액	
(−)	상속공제	아래 공제의 합계 중 공제적용 종합한도 내 금액만 공제가능 (기초공제+그 밖의 인적공제)와 일괄공제(5억) 중 큰 금액 가업·영농상속공제 배우자공제 금융재산 상속공제 재해손실공제 동거주택 상속공제
(−)	감정평가 수수료	
(=)	상속세 과세표준	

1. 상속공제

가. 기초공제 : 거주자 또는 비거주자의 사망으로 상속이 개시되는 경우 기초공제 2억 원을 공제한다. 피상속인이 비거주자인 경우에는 기초공제 2억 원은 공제되지만 다른 상속공제는 적용받을 수 없다.

나. 그 밖의 인적공제 : 거주자의 사망으로 인하여 상속이 개시되는 경우에는 자녀 및 동거가족에 대해 공제받을 수 있다.

구분	상속공제
자녀공제	자녀수 × 1인당 5천만원
미성년자공제	미성년자수 × 1천만원 × 19세까지의 잔여연수 * 상속인(배우자 제외) 및 동거가족 중 미성년자에 한함.
연로자공제	연로자수 × 1인당 5천만원 * 상속인(배우자 제외) 및 동거가족 중 65세 이상자에 한함.
장애인공제	장애인수 × 1인당 1천만원 × 기대여명 연수 * 상속인(배우자 포함) 및 동거가족 중 장애인 * (기대여명 연수)

자녀공제는 미성년자공제와 중복 적용되며, 장애인공제는 자녀·미성년자·연로자공제 및 배우자공제와 중복 적용이 가능하다.

다. 일괄공제

① 거주자의 사망으로 인하여 상속이 개시되는 경우로 상속인 또는 수유자가 배우자 및 직계비속, 형제자매 등인 때에 상속세 신고기한 내 신고한 경우에는 기초공제 2억 원과 그 밖의 인적공제액의 합계액과 5억 원 중 큰 금액을 공제받을 수 있다.

② 배우자 단독으로 상속받은 경우에는 일괄공제를 적용받을 수 없으며, 기초공제(2억 원 및 가업·영농상속공제 포함)와 그 밖의 인적공제의 합계액으로만 공제받을 수 있다.

> 【예시】 기초공제 2억 원, 그 밖의 인적공제 1억 5천만원인 경우 ⇒ 일괄공제금액인 5억 원을 공제받을 수 있다.

상속세 신고기한 내 신고가 없는 경우에는 5억 원(일괄공제)을 공제하며 배우자가 있는 경우에는 배우자공제를 추가로 적용받을 수 있다.

라. 배우자 상속공제 : 거주자의 사망으로 인하여 상속이 개시되는 경우로 피상속인의 배우자가 생존해 있으면 배우자 상속공제를 적용받을 수 있다.

배우자 상속공제액은 다음과 같다.

> – 배우자가 실제 상속받은 금액이 없거나 5억 원 미만인 경우 : 5억 원 공제
> – 배우자가 실제 상속받은 금액이 5억 원 이상인 경우 : 실제 상속받은 금액(공제한도액 초과 시 공제한도액) 공제

배우자공제한도액은 다음 ①, ② 중 적은 금액을 한도액으로 본다.

① (상속재산가액 + 추정상속재산 + 10년 이내 증여재산가액 중 상속인 수증분 - 상속인 외의 자에게 유증·사인증여한 재산가액 - 비과세·과세가액불산입 재산가액 - 공과금·채무) × (배우자 법정상속지분) - (배우자의 사전증여재산에 대한 증여세 과세표준)

② 30억 원

> **배우자가 실제 상속받은 금액**
>
> 배우자가 상속받은 상속재산가액(사전증여재산가액 및 추정상속재산가액 제외) - 배우자가 승계하기로 한 공과금 및 채무액 - 배우자 상속재산 중 비과세 재산가액

실제 상속받은 금액으로 배우자공제를 받기 위해서는 상속세 신고기한의 다음날부터 6개월이 되는 날(이하 '배우자 상속재산 분할 신고기한')까지 배우자의 상속재산을 분할(등기·과등록·과명의개서 등을 요하는 경우에는 그 등기·등록·명의개서 등이 된 것에 한함)해야 한다. 이 경우 상속인은 상속재산의 분할사실을 배우자 상속재산 분할 신고기한까지 납세지 관할세무서장에게 신고하여야 한다. 다만, 상속인 등이 상속재산에 대하여 부득이한 사유로 배우자의 상속재산을 분할할 수 없는 경우로 배우자 상속재산 분할 신고기한 (부득이한 사유가 소의 제기나 심판청구로 인한 경우에는 소송 또는 심판청구가 종료된 날)의 다음날부터 6개월이 되는 날까지 상속재산을 분할하여 신고하는 경우에는 배우자 상속재산 분할 기한 이내에 분할한 것으로 본다. 이 경우 상속인은 그 부득이한 사유를 배우자 상속재산 분할기한까지 납세지 관할세무서장에게 신고하여야 한다.

> **부득이한 사유**
>
> - 상속인 등이 상속재산에 대하여 상속회복청구의 소를 제기하거나 상속재산 분할의 심판을 청구한 경우
> - 상속인이 확정되지 아니하는 부득이한 사유 등으로 배우자 상속분을 분할하지 못하는 사실을 관할 세무서장이 인정하는 경우

마. 금융재산공제 : 거주자의 사망으로 인하여 상속이 개시된 경우 상속개시일 현재 상속재산가액 중 금융재산의 가액이 포함되어 있는 때에는 그 금융재산가액에서 금융채무를 차감한 가액을 공제한다.

금융재산공제 금액은 다음과 같다.

순금융재산가액	금융재산상속공제
2천만원 이하	해당 순금융재산가액 전액
2천만원 초과 ~ 1억 원 이하	2천만원
1억 원 초과 ~ 10억 원 이하	해당 순금융재산가액 × 20%
10억 원 초과	2억 원

공제대상이 되는 금융재산가액은 「금융 실명거래 및 비밀 보장에 관한 법률」 제2조 제1호에 규정된 금융기관이 취급하는 예금·적금·부금·주식 등이며 최대주주 또는 최대출자자가 보유하고 있는 주식 또는 출자지분은 포함되지 않는다.

> **최대주주 또는 최대출자자**
>
> 주주 또는 출자자(주주 등) 1인과 그의 특수관계인의 보유주식 등을 합하여 그 보유주식 등의 합계가 가장 많은 경우의 해당 주주 등 1인과 그의 특수관계인 모두를 말한다.

상속세 신고기한 내 신고하지 아니한 타인명의 금융재산은 포함되지

않는다.

바. 동거주택 상속공제 : 다음의 요건을 모두 갖춘 경우에는 동거주택 상속공제액(6억 원 한도)을 상속세 과세가액에서 공제한다.

① 피상속인이 거주자일 것

② 피상속인과 상속인(직계비속)이 상속개시일부터 소급하여 10년 이상 계속하여 동거할 것

③ 피상속인과 상속인이 상속개시일부터 소급하여 10년 이상 「소득세법」 제88조 제6호에 따른 1세대를 구성하면서 1주택(같은 호에 따른 고가주택을 포함한다)에 소유할 것

- 피상속인의 일시적 2주택, 혼인 합가, 등록문화재 주택, 이농·귀농 주택, 직계존속 동거봉양한 경우에는 1세대가 1주택을 소유한 것으로 본다.

④ 상속개시일 현재 무주택자로서 피상속인과 동거한 상속인(직계비속)이 상속받은 주택일 것

피상속인과 상속인이 다음의 사유에 해당하여 동거하지 못한 경우에는 계속하여 동거한 것으로 보되, 그 동거하지 못한 기간은 동거기간에 산입하지 않는다.

- 징집

- 취학, 근무상 형편 또는 질병 요양의 사유로서 기획재정부령으로 정하는 사유*

- 제1호 및 제2호와 비슷한 사유로서 기획재정부령으로 정하는 사유

> **기획재정부령으로 정하는 사유**
> - 「초·중등교육법」에 따른 학교(유치원·초등학교 및 중학교는 제외한다) 및 「고등교육법」에 따른 학교에의 취학
> - 직장의 변경이나 전근 등 근무상의 형편
> - 1년 이상의 치료나 요양이 필요한 질병의 치료 또는 요양

동거주택 상속공제 금액은 상속주택가액(주택부수토지의 가액을 포함하되, 상속개시일 현재 해당 주택 및 주택부수토지에 담보된 피상속인의 채무액을 뺀 가액을 말함)의 100%을 공제하며 6억 원을 한도로 한다.

사. 상속공제 적용의 한도 : 거주자의 사망으로 인하여 상속이 개시되는 경우에 상속세 과세가액에서 상속공제(기초공제, 배우자공제, 그 밖의 인적공제, 일괄공제, 금융재산 상속공제, 재해손실공제, 동거주택 상속공제)를 공제 시 상속공제의 총합계액은 다음의 산식에 의해 계산한 공제적용한도액을 초과할 수 없으며, 공제한도액까지만 공제된다.

> **공제적용한도액**
>
> 상속세 과세가액 – 상속인이 아닌 자에게 유증·사인증여(증여채무 이행 중인 재산 포함)한 재산가액 – 상속인의 상속포기로 그 다음 순위의 상속인이 상속받은 재산의 가액 – 상속세 과세가액에 가산하는 증여재산*의 과세표준
>
> * 상속세 과세가액이 5억 원 초과시 적용, 증여재산공제액과 재해손실공제액은 차감하여 계산하며 창업자금 및 가업승계 주식 등은 포함하지 않는다.
> * 상속세 과세최저한 : 상속세 과세표준이 50만원 미만일 때에는 상속세를 부과하지 아니한다.

세율 및 세대생략 할증세액

	상속세 산출세액	
(+)	세대생략 할증세액	상속인이나 수유자가 피상속인의 자녀가 아닌 직계비속이면 30% 할증 (단, 미성년자가 20억 원을 초과하여 상속받는 경우에는 40% 할증) 직계비속의 사망으로 최근친 직계비속에 해당하는 경우는 적용 제외
(−)	세액공제	증여세액공제, 단기재상속세액공제, 신고세액공제
(=)	상속세	

1. 상속세 산출세액

상속세는 증여세와 동일한 세율이 적용된다.

과세표준	세율	누진공제
1억 원 이하	10%	−
5억 원 이하	20%	1천만원
10억 원 이하	30%	6천만원
30억 원 이하	40%	1.6억 원
30억 원 초과	50%	4.6억 원

2. 세대생략 할증세액

상속인이 피상속인의 자녀가 아닌 직계비속인 경우에는 상속세를 할증하여 계산한다. 다만, 상속개시 전에 상속인이 사망하거나 결격자가 되어 그의 직계비속이 대신하여 상속받는 대습상속인 경우에는 세대생략 할증과세를 적용하지 않는다.

3. 세액공제

1) 증여세액공제 : 상속세 과세가액에 가산한 증여재산에 대한 증여세액

(증여 당시 증여세 산출세액)은 상속세 산출세액에서 공제된다.

2) 단기재상속에 대한 세액공제 : 상속개시 후 10년 이내에 상속인 또는 수유자의 사망으로 상속세가 부과된 상속재산이 재상속되는 경우에는 전(前)의 상속세가 부과된 상속재산 중 재상속분에 대한 전(前)의 상속세 상당액을 상속세 산출세액에서 공제한다.

3) 신고세액공제 : 상속세 과세표준을 신고기한까지 신고한 경우에는 적법하게 신고된 산출세액(세대생략 할증세액 포함)에서 공제세액 등을 차감한 금액에 신고세액공제율를 곱하여 계산한 금액을 공제합한다.

* 신고세액공제율 : 3%

2   영리법인을 통한 상속

개인과 법인에 상속 방법

1. 일반적인 상속

자연인이 사망하였을 때 그 사망자의 재산은 상속, 유증, 사인증여에 의해 재산이 이전될 수 있으며, 민법에서 상속인의 순위는 다음과 같이 정하고 있다.

① 피상속인의 직계비속
② 피상속인의 직계존속
③ 피상속인의 형제자매
④ 피상속인의 4촌 이내 방계혈족

* 피상속인의 배우자는 직계비속과 같은 순위로 공동상속인이 되고, 직계비속이 없는 경우에는 직계존속과 같은 순위로 공동상속인이 된다.

2. 법인에 상속

민법상 상속은 자연인만 받을 수 있기 때문에 법인은 사인증여나 유증 등을 통해 상속을 받아야 한다. 따라서 피상속인 사망 전에 유언장으로 법인 상속에 대한 내용이 확정되어야 한다.

개인과 법인에 상속 시 차이점

지금까지는 개인에 증여할 시 일반적인 상속세에 대해서 알아보았고 앞으로는 개인과 법인에 상속할 시 차이점에 대해서 살펴보겠다.

1. 세율

개인이 타인으로부터 재산을 무상으로 이전 받을 경우 상속세가 부과되며 상속세의 세율 증여세와 동일한 세율이 적용된다.

과세표준	세율	누진공제액
1억 원 이하	10%	-
5억 원 이하	20%	1천만원
10억 원 이하	30%	6천만원
30억 원 이하	40%	1.6억 원
30억 원 초과	50%	4.6억 원

반면 법인이 유증이나 사인증여로 재산을 무상으로 이전 받을 경우 자산수증이익으로 보아 법인세가 부과되며 법인세의 세율은 다음과 같다.

과세표준	세율	누진공제액
2억 원 이하	9%	-
2억 원 초과~ 200억 원 이하	19%	2,000만원
200억 원 초과~ 3,000억 원 이하	21%	42,000만원
3,000억 원 초과	24%	942,000만원

전체적으로 법인세율이 상속세율 보다 낮아 보이는데 아버지가 아들에게 현금 50억을 상속할 경우와 법인에 증여할 경우 세금이 얼마나 차이나는지 알아보겠다.

상속세

총상속재산가액	5,000,000,000원	
+		
사전증여재산	0원(아들과 딸에게 상속개시일 이전 10년간 증여금액 0원 가정)	
=		
상속세과세가액	5,000,000,000원	
−		
상속공제	500,000,000원	• (기초공제 + 그 밖의 인정공제)와 일괄공제 5억 중 큰 금액
	200,000,000원	• 금융재산 상속공제 (최대 2억)
	0원	• 배우자 상속공제 (배우자는 이전에 사망 가정)
=		
상속세과세표준	4,300,000,000원	
×		

과세표준	1억 이하	5억 이하	10억 이하	30억 이하	30억 초과
세율	10%	20%	30%	40%	50%
누진공제	없음	1천	6천	1억6천	4억6천

=		
산출세액	1,690,000,000원(43억 원 × 50% − 4.6억 원)	
−		
세액공제	신고세액공제 50,700,000원	
=		
자진납부할 세액	1,639,300,000원	

```
법인세
자산수증
이익        5,000,000,000원 (법인에서 발생한 다른 소득은 없다고 가정)
=
법인세
과세표준    5,000,000,000원
×

세율
| 과세표준 | 1억 이하 | 5억 이하 | 10억 이하 | 30억 이하 | 30억 초과 |
|---|---|---|---|---|---|
| 세율 | 10% | 20% | 30% | 40% | 50% |
| 누진공제 | 없음 | 1천 | 6천 | 1억6천 | 4억6천 |

=
법인세      930,000,000원(50억 원 × 19% – 2천만원)
−
지방
소득세      93,000,000원(법인세의 10%)
=
자진납부
할 세액     1,023,000,000원
```

아버지가 아들에게 현금 50억 원을 상속하면 약 16억 원의 상속세가 발생하고 아버지가 법인에게 상속(유증 또는 사인증여의 방법을 통해 재산 이전)하면 약 10억 원의 법인과 관련된 세금이 발생한다. 상속금액이 커질수록 적용되는 상속세율이 법인세율보다 높기 때문에 발생하는 현상이다.

그렇다면 무조건 법인에게 상속하는 것이 유리할 것 같지만 세법은 피상속인과 특별한 관계가 있는 법인에게 상속이 될 경우 주주에게 상속세가 과세될 수 있는데 이에 대해서는 뒤에서 추가적으로 알아보겠다.

2. 합산과세

상속세는 피상속인의 상속개시일 당시의 재산뿐만 아니라 사전에 증여하였던 재산까지 합산하여 부과된다. 상속인에 증여한 재산은 상속개시일 10년 이내, 상속인 외에 증여한 재산은 5년 이내의 금액이 합산되어 부과된다. 다만 증여 당시의 증여세는 상속세 계산시 차감된다. 상속세 계산 시 사전에 법인에 증여했던 재산은 5년 이내의 금액이 합산되어 부과된다. 법인은 상속인이 아니기 때문에 상속인 외에 해당하기 때문이다.

법인에 상속 시 세법상 규제

1. 개인주주에게 상속세 부과

법인에게 상속할 경우 피상속인의 재산이 많을수록 상속세율 보다 낮은 법인세율이 적용되어 세부담이 적을 수 있다. 세법은 이를 방지하기 위해 해당 법인의 주주가 상속인이거나 주주의 직계비속에 해당하면 주주에게 상속세가 부과된다.

예를 들어 할아버지가 사망하여 상속이 발생하였고 자녀와 손자녀가 주주로 있는 법인에 상속할 경우 법인세 외에 자녀와 손자녀에게 상속세가 추가적으로 부과된다. 이때 세법에서는 상속인과 그 직계비속에게 상속세를 부과한다고 규정하였으므로 피상속인의 며느리와 사위는 이에 포함되지 않는다. 2026.1.1. 이후 상속분부터는 납세의무자에 상속인과 그 직계비속의 배우자도 포함되는 것으로 세법개정안이 발의 되었으므로 개정 여부를 살펴보아야 한다.

> **상속세 부과액**
>
> [영리법인이 받았거나 받을 상속재산에 대한 상속세 상당액 − (영리법인이 받았거나 받을 상속재산 x 10%)] x 상속인과 그 직계비속의 주식 또는 출자지분의 비율

2. 개인주주에게 합산과세 적용

피상속인이 법인에게 증여를 하였다면 상속세 계산 시 법인은 상속인 외에 해당하여 상속개시일 5년 내의 증여일 경우에만 합산된다. 하지만 증여당시 위에서 살펴보았던 특정법인과의 거래를 통한 이익의 증여에 해당하여 증여이익이 1억 원 이상이었다면 해당 법인의 주주가 상속인일 경우 10년 내의 증여가액이 합산된다.

A가 B법인에게 유산 100억 상속
상속공제 : 7억 가정 (일괄공제 5억, 금융재산상속공제 2억)
B법인 주주 : 아들 50%, 딸 50%

「법인세」

자산수증이익
10,000,000,000원(법인에서 발생한 다른 소득은 없다고 가정)

=

법인세 과세표준
10,000,000,000원

×

세율

과세표준	2억 이하	200억 이하	3,000억 이하	3,000억 초과
세율	9%	19%	21%	24%
누진공제	없음	2천	4억2천	94억2천

=

법인세
1,880,000,000원(100억 원 × 19% − 2천만원)

−

지방소득세
188,000,000원(법인세의 10%)

=

자진납부할 세액
2,068,000,000원

「상속세」

영리법인의 주주가 아들과 딸이므로 상속인에 해당하고 위의 법인세 외에 상속세가 31.9억 추가적으로 부과된다.

① 영리법인이 받았거나 받을 재산에 대한 상속세 상당액
(100억 − 7억) × 50% − 4.6억 = 41.9억
② 영리법인이 받았거나 받을 상속재산 × 10% = 10억
③ (41.9억 − 10억) × 100% = 31.9억

법인세와 상속세를 합산하면 일반 개인에게 상속할 경우와 차이가 없거나 더 많을 수도 있다.

> A 2025년 사망
> A가 아들에게 아파트 20억 상속
> A가 B법인에게 2018년 현금 10억 증여 (증여이익 8.2억 가정)
> B법인 주주 : 아들 100%
>
> A의 상속세 계산시 상속시점에 유산으로 남긴 아파트 20억은 당연히 포함된다. A가 2018년 B법인에게 증여한 10억은 B법인이 상속인 외에 해당하여 5년 내의 증여에 해당하여 상속세 계산시 합산되지 않을 것 같지만, 2018년 증여당시 특정법인과의 거래를 통한 이익의 증여에 해당하여 8.2억 원의 증여이익에 대한 증여세가 아들에게 부과되었을 것이다. 따라서 아들에게 증여하였다고 본 8.2억 원은 아버지 상속세 계산에 합산될 것이다.

상속과 증여시 합산되는 사례들을 살펴보았는데 이를 요약하면 다음과 같다.

구분	증여세 합산과세		상속세 합산과세	
	개인	법인	개인	법인
합산 기간	10년	–	상속인 10년 상속인 외 5년	5년
비고	동일인으로부터 증여받은 경우	법인 주주에게는 10년간 합산될 수 있음		법인 주주에게는 10년 또는 5년간 합산될 수 있음.

법인 활용 방안

법인에게 상속할 경우 상속인이나 상속인의 직계비속(자녀와 손자녀에 해당한다)만으로 구성될 경우 법인세와 더불어 상속세가 과세되기에 큰 실익이 없어 보인다. 따라서 법인에게 상속할 경우 법인의 주주 지분 구성이 중요할 것이다.

A 2025년 사망
A의 유산 : 100억 가정
상속인 : 아들

1) 아들에게 100억이 상속될 경우
아들에게 100억이 상속될 경우 약 40억 원 가량의 상속세가 부과된다.

구분	금액	비고
총상속재산가액	10,000,000,000원	
+ 사전증여재산	0원(아들에게 상속개시일 이전 10년간 증여금액 0원 가정)	
= 상속세과세가액	10,000,000,000원	
- 상속공제	500,000,000원	・(기초공제 + 그 밖의 인정공제)와 일괄공제 5억 중 큰 금액
	200,000,000원	・금융재산 상속공제 (최대 2억)
	0원	・배우자 상속공제 (배우자는 이전에 사망 가정)
= 상속세과세표준	9,300,000,000원	

세율					
과세표준	1억 이하	5억 이하	10억 이하	30억 이하	30억 초과
세율	10%	20%	30%	40%	50%
누진공제	없음	1천	6천	1억6천	4억6천

= 산출세액	4,190,000,000원 (100억 원 × 50% - 4.6억 원)
- 세액공제	신고세액공제 125,700,000원
= 자진납부할 세액	4,064,300,000원

2) 법인에게 100억을 상속할 경우

「법인세」

| 자산수증이익 | 10,000,000,000원(법인에서 발생한 다른 소득은 없다고 가정) |

=

| 법인세 과세표준 | 10,000,000,000원 |

×

세율	과세표준	2억 이하	200억 이하	3,000억 이하	3,000억 초과
	세율	9%	19%	21%	24%
	누진공제	없음	2천	4억2천	94억2천

=

| 법인세 | 1,880,000,000원(100억 원 × 19% - 2천만원) |

-

| 지방소득세 | 188,000,000원 (법인세의 10%) |

=

| 자진납부 할 세액 | 2,068,000,000원 |

「상속세」
주주의 지분과는 무관하게 법인세는 지방법인소득세와 합산하여 20.68억이 부과된다. 법인의 지분을 며느리를 100%로 구성한 후 상속을 할 경우 상속세는 부과되지 않는다. 며느리는 상속인이나 상속인의 직계비속에 해당하지 않기 때문이다. 반면 법인의 지분을 아들 55%, 며느리 45%로 주주 구성을 할 경우 상속세가 17.545억 추가적으로 부과된다.

① 영리법인이 받았거나 받을 재산에 대한 상속세 상당액
(100억 - 7억) x 50% - 4.6억 = 41.9억
② 영리법인이 받았거나 받을 상속재산 x 10% = 10억
③ (41.9억 - 10억) x 55% = 17.545억
법인의 주주 구성 지분에 따라 상속세가 부과되지 않을 수도 있고 일정부분 부과될

수도 있다. 각자의 상황에 따라 지분 구성 후 법인에게 상속을 할 경우 상속인인 개인에게만 상속하는 것보다 절세의 여지가 있다.

다만, 2026.1.1. 이후 상속분부터는 납세의무자에 상속인과 그 직계비속의 배우자도 포함되는 것으로 세법개정안이 발의 되었으므로 개정여부를 살펴보아야 한다.

CHAPTER 7

2025 영리법인 200% 활용법

법인 설립 절차

Chapter 07 법인 설립 절차

법인을 설립할 때 고려해야 할 부분을 간단히 살펴보겠다.

자본금 규모

상법상 법인은 자본금에 대한 규제는 없다. 따라서 적은 금액으로도 법인을 설립할 수 있다. 예를 들어 100만 원으로도 법인을 설립 할 수 있다. 하지만, 법인의 자본금은 법인의 신용도를 나타내는 것이기에 너무 적은 자본으로 시작하지 않는 것이 좋을 수도 있다. 또한, 일부 업종(예: 여행업, 건설업 등)은 관련 법령에 따라 최소 자본금 규정이 있을 수 있으므로 해당 업종의 규정을 확인해야 한다.

구분	최소 자본금 요건
주식회사	제한 없음(1원도 가능)
유한회사	제한 없음
특정 면허·허가 업종 (Ex: 건설업, 부동산개발업 등)	법령에 따라 최소 자본금 요건 존재

실무적으로는 자본금이 너무 적으면 사업 신뢰도에 부정적인 영향을 미칠 수 있기에 일반적으로 1,000만 원~3,000만 원 사이로 설정하곤 한다.

자본금	추천 상황
1천만원 이하	예비창업자, 창업 비용 최소화 목표(단, 신용도 낮음)
3천만원 ~ 5천만원	일반 스타트업·소규모 사업
1억 원 이상	투자유치, 관급입찰 및 인허가 업종 등

* 전문건설업 등은 건설산업기본법 등에 따라서 2억 원 이상 요망
* 여행업(일반여행업) 등은 관광진흥법에 따라서 1억 원 이상 요망
* 자본금 충족해도 기술 인력, 장비 등의 추가 요건이 필요할 수도 있음.

주주구성

많은 사람들이 법인을 만들면서 "투자"라는 말을 많이 이야기한다. 하지만, 투자는 굉장히 포괄적인 의미이다. 투자는 기본적으로 2가지로 나눠진다.

자본 투자(주주)	차입 투자(채권자)
회사(법인)에 자본을 불입	회사(법인)에 자금을 대여
배당 받을 권리가 발생	이자 받을 권리가 발생
주주	채권자
주식을 교부 받음	채권을 받음
주식의 가치 변동	원금이 변하지 않음

투자자 중에서 자본 투자를 하는 사람들이 바로 주주이다. 법인의 주주는 자본금을 부담하는 주체이기에 회사의 실질 소유자라고 할 수 있고, 법인의 이익에 대한 배당 받을 권리를 가지는 주체이기도 하다.

예를 들어, 회사의 이익이 늘어났을 때 주주는 배당금을 받을 수 있지만, 법인에 돈을 빌려준 투자자(일반적으로 채권자)는 배당을 받을 수 없다. 대신 채권자는 법인의 이익과 상관없이 이자를 받을 수 있는 권리가 존재한다.

법인의 주주와 채권자 비교

항목	주주 (Shareholder)	채권자 (Creditor)
법적 관계	소유자(지분 보유자)	금전·채무 계약상의 채권자
권리의 성격	지분권(소유권)	채권(대여금 또는 매입채권 등)
수익 기대	배당금, 주식 가치 상승	이자 수익, 원금 상환
결정권	의결권 행사(주주총회)	일반적으로 없음(단, 담보권자 등 일부 예외)
위험 부담	무한 손실 가능(자본 전액 손실 가능)	원금·이자 손실 가능(일부 보호받을 수 있음)

회수 순위 (파산 시)	최하위(채권자보다 후순위)	우선변제(담보채권자 〉 무담보채권자〉 주주)
배당 가능성	이익 발생 시 배당 가능 (불확실)	계약된 이자는 정기적 수취(상환 기일 확정)
지배력	경영에 영향 가능 (대주주 등)	지배권 없음.
자금 성격	자기자본(Equity)	타인자본(Debt)
회사의 입장	자본금으로 인정	부채로 회계 처리

[예시]

상황	주주의 입장	채권자의 입장
회사가 흑자임	배당 수령 기대	이자 수령 확실
회사가 적자임	배당 없음, 주식가치 하락	이자 지급 지연 가능성 ↑
회사가 파산함	잔여재산 거의 못 받음	일부 또는 전액 변제 받을 수 있음(담보 유무에 따라)

배당은 추후 종합소득세 및 상속 증여세와도 연관이 되기에 설립 초기에 법인의 주주 구성은 면밀히 살펴서 진행해야 한다.

참고자료

주식의 이동(양수도 혹은 증여/상속)

회사(법인)주식의 가치는 회사의 성장에 따라 변한다. 일반적으로 채권(차입금)은 그 가치가 변동하지 않는다.

하지만, 주식은 회사의 이익에 따라서 주식가격이 변동한다. 예를 들어 회사에 이익이 많이 나면 그 가치가 증가하고, 반대의 경우는 가치가 하락하기도 한다.

중소기업 주주의 경우 설립초기의 액면가가 주식의 가치(가격)으로 생각하고 주식을 이동시키는 경우가 종종있다. 하지만, 이익이 많이 쌓인 회사의 주식 가치는 생각보다 클 수가 있다. 세금을 고려하지 않은 주식 이동(양수도 혹은 증여, 상속)은 엄청난 세금으로 돌아 올 수 있으니 주식 이동을 할 경우 전문가와의 상담이 필수라고 할 수 있다.

특히, 법인 설립후 회사에 증자를 할 때 불균등 증자 등으로 인해 증여세를 부담 할 수 있기에 해당 거래를 하기 전에 항상 전문가와 상의하길 추천한다.

참고자료

불균등 증자

불균등 증자는 기존 주주들 중 일부에게만 증자에 참여할 기회를 제공하고, 다른 주주들에게는 기회를 제공하지 않는 방식으로 자본금을 증대시키는 방법이다. 이 거래는 특정 주주들에게만 유리하게 자본금을 늘리는 것이 될 수 있기에 전문가와의 상담이 필요하다.

특히, 회사 가치가 증가했지만, 액면가로 발행하는 저가 발행(불균등 증자)의 경우는 해당 주식을 시가보다 저렴한 가격으로 취득하게 되는 것이기에 증자에 참여하는 주주가 혜택을 받는 것으로 보아 증여세가 부과될 수 있다.

예를 들어, 시가 1,000원인 주식을 액면가인 500원에 발생하였다면, 해당 차액인 500원을 증자에 참여한 주주가 이익을 보게 되는 것이고 이는 참여하지 않은 주주가 참여한 주주에게 이익을 제공한 것으로 보아 증여세 문제가 발생할 수 있다.

관련법령판례

▶ **재산세과-4166 (2008.12.10)**

법인이 자본을 증가시키기 위하여 신주를 발행함에 있어 당해 법인의 주주가 신주를 인수할 수 있는 권리의 전부 또는 일부를 포기한 경우로서 그 포기한 신주를 배정하는 경우, 신주의 발행가액이 시가보다 높은 경우에는 「상속세 및 증여세법」 제39조 제1항 제2호 가목의 규정에 의하여 실권주를 배정받은 자가 이를 인수함으로써 그와 특수관계에 있는 신주인수포기자가 얻은 이익에 대하여 증여세가 과세되는 것입니다. 다만, 같은 법 시행령 제29조 제3항의 규정에 의하여 증자 전·후의 주식 1주당 가액이 모두 영 이하인 경우에는 이익이 없는 것으로 보는 것임.

▶ **상속 증여세법 제39조 【증자에 따른 이익의 증여】**

① 법인이 자본금(출자액을 포함한다. 이하 같다)을 증가시키기 위하여 새로운 주식 또는 지분[이하 이 조에서 "신주"(新株)라 한다]을 발행함으로써 다음 각 호의 어느 하나에 해당하는 이익을 얻은 경우에는 주식대금 납입일 등 대통령령으로 정하는 날을 증여일로 하여 그 이익에 상당하는 금액을 그 이익을 얻은 자의 증여재산가액으로 한다. 〈개정 2011.12.31, 2015.12.15, 2016.12.20.〉

1. 신주를 시가(제60조와 제63조에 따라 평가한 가액을 말한다. 이하 이 조, 제39조의2, 제39조의3 및 제40조에서 같다)보다 낮은 가액으로 발행하는 경우: 다음 각 목의 어느 하나에 해당하는 이익

    가. 해당 법인의 주주등이 신주를 배정받을 수 있는 권리(이하 이 조에서 "신주인수권"이라 한다)의 전부 또는 일부를 포기한 경우로서 해당 법인이 그 포기한 신주[이하 이 항에서 "실권주"(失權株)라 한다]를 배정(「자본시장과 금융투자업에 관한 법률」 에 따른 주권상장법인이 같은 법 제9조제7항에 따른 유가증권의 모집방법(대통령령으로 정하는 경우를 제외한다)으로 배정하는 경우는 제외한다. 이하 이 항에서 같다)하는 경우에는 그 실권주를 배정받은 자가 실권주를 배정받음으로써 얻은 이익

    나. 해당 법인의 주주등이 신주인수권의 전부 또는 일부를 포기한 경우로서 해당 법인이 실권주를 배정하지 아니한 경우에는 그 신주 인수를 포기한 자의 특수관계인이 신주를 인수함으로써 얻은 이익

    다. 해당 법인의 주주등이 아닌 자가 해당 법인으로부터 신주를 직접 배정(「자본시장과 금융투자업에 관한 법률」 제9조제12항에 따른 인수인으로부터 인수·취득하는 경우와 그 밖에 대통령령으로 정하는 방법으로 인수·취득하는 경우를 포함한다. 이하 이 항에서 같다)받음으로써 얻은 이익

라. 해당 법인의 주주등이 소유한 주식등의 수에 비례하여 균등한 조건으로 배정받을 수 있는 수를 초과하여 신주를 직접 배정받음으로써 얻은 이익
2. 신주를 시가보다 높은 가액으로 발행하는 경우: 다음 각 목의 어느 하나에 해당하는 이익
   가. 해당 법인의 주주등이 신주인수권의 전부 또는 일부를 포기한 경우로서 해당 법인이 실권주를 배정하는 경우에는 그 실권주를 배정받은 자가 그 실권주를 인수함으로써 그의 특수관계인에 해당하는 신주 인수 포기자가 얻은 이익
   나. 해당 법인의 주주등이 신주인수권의 전부 또는 일부를 포기한 경우로서 해당 법인이 실권주를 배정하지 아니한 경우에는 그 신주를 인수함으로써 그의 특수관계인에 해당하는 신주 인수 포기자가 얻은 이익
   다. 해당 법인의 주주등이 아닌 자가 해당 법인으로부터 신주를 직접 배정받아 인수함으로써 그의 특수관계인인 주주등이 얻은 이익
   라. 해당 법인의 주주등이 소유한 주식등의 수에 비례하여 균등한 조건으로 배정받을 수 있는 수를 초과하여 신주를 직접 배정받아 인수함으로써 그의 특수관계인인 주주등이 얻은 이익
3. 제1호 및 제2호를 적용할 때 「상법」 제346조에 따른 종류주식(이하 이 호에서 "전환주식"이라 한다)을 발행한 경우: 발행 이후 다른 종류의 주식으로 전환함에 따라 얻은 다음 각 목의 구분에 따른 이익
   가. 전환주식을 시가보다 낮은 가액으로 발행한 경우: 교부받았거나 교부받을 주식의 가액이 전환주식 발행 당시 전환주식의 가액을 초과함으로써 그 주식을 교부받은 자가 얻은 이익
   나. 전환주식을 시가보다 높은 가액으로 발행한 경우: 교부받았거나 교부받을 주식의 가액이 전환주식 발행 당시 전환주식의 가액보다 낮아짐으로써 그 주식을 교부받은 자의 특수관계인이 얻은 이익

② 제1항제1호를 적용할 때 이익을 증여한 자가 대통령령으로 정하는 소액주주(이하 이 항 및 제39조의3에서 "소액주주"라 한다)로서 2명 이상인 경우에는 이익을 증여한 소액주주가 1명인 것으로 보고 이익을 계산한다. 〈개정 2015.12.15.〉

③ 제1항과 제2항을 적용할 때 이익의 계산방법 및 그 밖에 필요한 사항은 대통령령으로 정한다. 〈개정 2011.12.31., 2015.12.15〉

대표이사

대표이사는 주주와 별개로 회사(법인)를 대리하는 사람이다. 법인은 투명인간과 같아서 이 투명인간을 대리하는 자연인이 필요하다. 그것이 바로 대표이사이다. 대표이사는 법인을 대리하는 대리인이다.

중소기업의 경우 주주이면서 대표이사를 하는 경우가 종종 있다. 하지만, 주주와 대표이사는 엄연히 다른 존재이고, 다른 권리와 의무를 가지게 된다.

항목	대표이사 (CEO, 대표 Director)	주주 (Shareholder)
법적 지위	법인의 업무집행기관	법인의 소유자
역할	회사의 일상적인 경영 및 외부 대표	회사의 지분을 보유하고 이익 분배 받음
선임 방식	이사회 또는 주주총회에서 선임	주식 취득 시 자동으로 주주가 됨.
지배권	이사회결의 및 정관에 따라 경영권행사	주주총회에서 의결권 행사 가능 (경영 직접 관여 ×)
책임 범위	회사의 불법행위나 과실시 민·형사상 책임가능	회사채무에 대해 책임없음(유한책임).
수익 구조	급여, 상여금, 퇴직금 수령	배당금 수령, 주식가치 상승 기대
겸직 여부	주주이면서 대표이사 가능 (겸직 가능)	일반 주주는 경영에 참여하지 않음.
해임 가능 여부	이사회 또는 주주총회 결의로 해임 가능	주식양도 하지 않는 이상 주주지위 유지
문서 서명권	법인 대표로서 계약서·공문 등에 서명 가능	서명권 없음(경영권 ×).

위의 내용처럼 주주와 대표이사는 서로 다른 권리 의무를 가지고 있다.

예를 들어 설명하면 다음과 같다.

> **대표이사 A**
> 지분 0.1%만 가진 대표이사라도, 회사의 모든 계약과 대외 활동을 수행할 수 있다.
>
> **주주 B**
> 99% 지분을 가진 대주주라도, 대표이사가 아니면 회사를 대표하거나 일상적인 계약을 체결할 수 없다. 대신 주주총회에서 의결권을 행사하여 대표이사를 교체 할 수 있다.

주주의 대표이사 겸직 여부

형태	가능 여부	비고
주주이면서 대표이사 (겸직)	가능	대부분 중소기업 대표가 이 구조
주주가 아닌 외부 대표이사	가능	주주와 별개로 외부인을 대표로 선임 가능

대표이사와 주주의 법적 책임

상황	대표이사 책임	주주 책임
회사가 부도	경영상 책임 소지 있음. (횡령, 배임 등 시 형사책임)	투자한 자본금만 책임
세금 체납	일부 세금은 대표이사에게 연대책임	없음(2차 납세의무 예외)

회사의 50% 이상의 지분을 가진 대주주는 실질적으로 경영에 영향을 미칠 수 있기에 법인에 대한 2차적인 책임을 질 수 있음을 유의해야 한다.

예를 들어, 법인 대주주가 2차 납세의무를 지게 된다면 법인이 납부하지 못한 세금 등은 대주주가 대신 납부해야 할 수도 있다.

간단히 설명하면, 회사(법인)가 납부해야 할 세금을 내지 못할 경우, 일정 요건을 충족하면 주주가 회사 대신 세금을 납부할 의무가 생긴다.

원칙적으로 법인은 독립된 납세의무를 지지만, 조세 회피나 고의적 체납을 방지하기 위해 예외적으로 주주에게 납세의무를 부과하는 것이다.

적용요건

항목	내용
법인	국세 체납 법인(법인세, 부가세 등)
주주 요건	법인의 과점주주
기타 요건	법인의 재산으로 세금징수 불가능 할 경우에만 부과

참고자료

과점주주란 다음 요건을 충족하는 자이다.

√ 주식 50% 초과 보유자 (단독 또는 특수관계인과 합산하여 계산)
√ 실질적 경영권을 행사하는 자
√ 법인의 이익배당에 지배적 영향력을 가진 자

Ex. 대표이사 1인이 본인 40% + 가족 20% = 총 60% 지분 보유자는 과점주주이다.

구분	범위
책임 범위	해당 주주의 지분율에 해당하는 체납 세금 한도내
예시	체납 세금이 1억 원이고, A주주 지분이 60%이면 최대 6천만원 책임

소규모 법인은 2차 납세의무 리스크가 커질 수 있다.

관련법령판례

▶ **국세기본법상 특수관계인의 정의**

국세기본법 제2조(정의)
20. "특수관계인"이란 본인과 다음 각 목의 어느 하나에 해당하는 관계에 있는 자를 말한다. 이 경우 이 법 및 세법을 적용할 때 본인도 그 특수관계인의 특수관계인으로 본다.
　가. 혈족·인척 등 대통령령으로 정하는 친족관계

나. 임원·사용인 등 대통령령으로 정하는 경제적 연관관계
다. 주주·출자자 등 대통령령으로 정하는 경영지배관계

국세기본법 제1조의2(특수관계인의 범위)
① 법 제2조제20호가목에서 "혈족·인척 등 대통령령으로 정하는 친족관계"란 다음 각 호의 어느 하나에 해당하는 관계(이하 "친족관계"라 한다)를 말한다. 〈개정 2023.2.28〉
  1. 4촌 이내의 혈족
  2. 3촌 이내의 인척
  3. 배우자(사실상의 혼인관계에 있는 자를 포함한다)
  4. 친생자로서 다른 사람에게 친양자 입양된 자 및 그 배우자·직계비속
  5. 본인이 「민법」에 따라 인지한 혼인 외 출생자의 생부나 생모(본인의 금전이나 그 밖의 재산으로 생계를 유지하는 사람 또는 생계를 함께하는 사람으로 한정한다)
② 법 제2조제20호나목에서 "임원·사용인 등 대통령령으로 정하는 경제적 연관관계"란 다음 각 호의 어느 하나에 해당하는 관계(이하 "경제적 연관관계"라 한다)를 말한다.
  1. 임원과 그 밖의 사용인
  2. 본인의 금전이나 그 밖의 재산으로 생계를 유지하는 자
  3. 제1호 및 제2호의 자와 생계를 함께하는 친족
③ 법 제2조제20호다목에서 "주주·출자자 등 대통령령으로 정하는 경영지배관계"란 다음 각 호의 구분에 따른 관계(이하 "경영지배관계"라 한다)를 말한다.
  1. 본인이 개인인 경우
    가. 본인이 직접 또는 그와 친족관계 또는 경제적 연관관계에 있는 자를 통하여 법인의 경영에 대하여 지배적인 영향력을 행사하고 있는 경우 그 법인
    나. 본인이 직접 또는 그와 친족관계, 경제적 연관관계 또는 가목의 관계에 있는 자를 통하여 법인의 경영에 대하여 지배적인 영향력을 행사하고 있는 경우 그 법인
  2. 본인이 법인인 경우
    가. 개인 또는 법인이 직접 또는 그와 친족관계 또는 경제적 연관관계에 있는 자를 통하여 본인인 법인의 경영에 대하여 지배적인 영향력을 행사하고 있는 경우 그 개인 또는 법인
    나. 본인이 직접 또는 그와 경제적 연관관계 또는 가목의 관계에 있는 자를 통하여 어느 법인의 경영에 대하여 지배적인 영향력을 행사하고 있는 경우 그

법인
다. 본인이 직접 또는 그와 경제적 연관관계, 가목 또는 나목의 관계에 있는 자를 통하여 어느 법인의 경영에 대하여 지배적인 영향력을 행사하고 있는 그 법인
라. 본인이 「독점규제 및 공정거래에 관한 법률」에 따른 기업집단에 속하는 경우 그 기업집단에 속하는 다른 계열회사 및 그 임원
④ 제3항제1호 각 목, 같은 항 제2호가목부터 다목끼지의 규정을 적용할 때 다음 각 호의 구분에 따른 요건에 해당하는 경우 해당 법인의 경영에 대하여 지배적인 영향력을 행사하고 있는 것으로 본다.
1. 영리법인인 경우
  가. 법인의 발행주식총수 또는 출자총액의 100분의 30 이상을 출자한 경우
  나. 임원의 임면권의 행사, 사업방침의 결정 등 법인의 경영에 대하여 사실상 영향력을 행사하고 있다고 인정되는 경우
2. 비영리법인인 경우
  가. 법인의 이사의 과반수를 차지하는 경우
  나. 법인의 출연재산(설립을 위한 출연재산만 해당한다)의 100분의 30 이상을 출연하고 그 중 1인이 설립자인 경우

국세기본법 제39조(출자자의 제2차 납세의무)

법인(대통령령으로 정하는 증권시장에 주권이 상장된 법인은 제외한다. 이하 이 조에서 같다)의 재산으로 그 법인에 부과되거나 그 법인이 납부할 국세 및 강제징수비에 충당하여도 부족한 경우에는 그 국세의 납세의무 성립일 현재 다음 각 호의 어느 하나에 해당하는 자는 그 부족한 금액에 대하여 제2차 납세의무를 진다. 다만, 제2호에 따른 과점주주 또는 제3호에 따른 과점조합원의 경우에는 그 부족한 금액을 그 법인의 발행주식 총수(의결권이 없는 주식은 제외한다. 이하 이 조에서 같다) 또는 출자총액으로 나눈 금액에 해당 과점주주 또는 과점조합원이 실질적으로 권리를 행사하는 주식 수(의결권이 없는 주식은 제외한다) 또는 출자액을 곱하여 산출한 금액(제3호 단서의 경우 그 부족한 금액과 과점조합원 간에 정한 손익분배비율을 곱한 금액으로 한다)을 한도로 한다. 〈개정 2013.5.28, 2014.12.23, 2018.12.31, 2020.12.22, 2024.12.31, 2025.3.14〉
1. 무한책임사원으로서 다음 각 목의 어느 하나에 해당하는 사원
  가. 합명회사의 사원
  나. 합자회사의 무한책임사원
2. 주주 또는 다음 각 목의 어느 하나에 해당하는 사원 1명과 그의 특수관계인

> 중 대통령령으로 정하는 자로서 그들의 소유주식 합계 또는 출자액 합계가 해당 법인의 발행 주식 총수 또는 출자총액의 100분의 50을 초과하면서 그 법인의 경영에 대하여 지배적인 영향력을 행사하는 자들(이하 "과점주주"라 한다)
> 가. 합자회사의 유한책임사원
> 나. 유한책임회사의 사원
> 다. 유한회사의 사원

업종

법인이 영위하는 업종은 제한이 없다. 다만, 어떤 업종의 경우는 인허가 및 관리기관의 인허가가 필요할 수 있다.

예를 들어 아래와 같다.

1. 음식/숙박 관련 업종

음식점업: 영업신고(관할 구청 위생과) + 식품위생교육

카페/커피전문점: 음식점업과 동일하게 신고

숙박업: 인허가(관할 지자체), 시설 기준 엄격

2. 유통/판매 관련 업종

대형마트, 백화점: 대규모 점포 등록(관할 시장·군수·구청장 허가)

주류 소매업: 주류 판매업 면허(세무서 신청)

수입 식품 판매업: 식약처 수입업 등록

3. 제조/가공업

식품 제조·가공업: 허가(관할 지자체/식약처)

건설업: 건설업 등록(국토교통부 및 지자체)

4. 서비스업

부동산 중개업: 공인중개사 자격 + 중개업 등록(관할 구청)

여행업: 관광사업 등록(문화체육관광부 또는 지자체)

학원 사업: 학원 설립·운영 등록(관할 교육청)

5. 금융/보험업

대부업: 대부업 등록(금융감독원 또는 지자체)

보험 대리점: 등록(금융감독원)

6. 특수 업종

의료기관 개설: 의료법상 의료인만 가능(법인은 불가 또는 제한)

약국 운영: 약사 면허 필수(법인은 운영 불가)

방송사업: 방송통신위원회 허가

> 허가 : 심사를 거쳐야 함(까다로움).
> 등록 : 요건만 갖추면 가능(비교적 수월)
> 신고 : 통지만 하면 됨(가장 쉬움).

법인의 주소지

법인의 본점 주소지는 제한이 없다. 다만, 이것도 영위하는 업종에 따라 제한이 있을 수 있다. 예를 들어, 살고 있는 주택을 주소지로 하여 법인을 설립할 수도 있지만, 제조업과 같은 경우는 공장 등을 주소지로 해야 법인이 설립 될 수도 있다.

> **【주요 제한사항】**
>
> √ 주거용 오피스텔/아파트 사용 : 오피스텔 중 일부는 업무용 등록 가능 (건축물대장 용도 확인 필요), 주거 전용 건물에서 사업자등록 시 세무서가 반려하거나 추가 서류(임대차계약서, 사용 승낙서, 용도변경 허가서 등)를 요구할 수 있다.
>
> √ 공유 오피스 사용 : 임대차계약서나 사업장 사용 확인서가 필요하다.
>
> √ 건물 용도 제한 : 건축물대장상 "근린생활시설(사무소)", "업무시설"은 큰 문제가 없다.
> * "주택"으로 되어 있으면 사업자등록이 거절될 수 있다.
>
> √ 특정 업종은 추가 요건 있음 :
> 음식점업 : 위생허가를 받아야 하므로 일반 사무실 어렵다.
> 제조업 : 시설 기준을 충족해야 하므로 공장용 부지 필요하다.

법인 주소지와 (부동산 구입시 발생하는) 취등록세

법인을 통한 부동산 취득을 고려하는 경우는 법인의 본점 소재지에 따라서 취등록세가 중과될 수도 있다.

따라서, 법인 명의의 부동산을 구입하려는 경우 법인 본점 소재지에 대한 고민을 해야 한다. 해당 법은 지방세법 제13조[1]에 따르고 있다.

법인 설립 시 본점 주소지를 과밀억제권역 외 지역으로 하면 취등록세 중과를 피할 수 있다.

---

1) 지방세법 제13조 과밀억제권역 안 취득 등 중과
지방세법 시행령제27조 대도시 부동산 취득의 중과세 범위와 적용기준
[관련사례] 조심2017지0674(20180710) 취득세 기각
쟁점부동산이 「지방세법 시행령」 제27조 제3항 규정에 의한 대도시내 법인 설립·전입 후 5년 이내에 취득하는 부동산에 해당한다고 보아 중과세율을 적용하여 과세한 처분의 당부

구분	내용
적용 대상 지역	수도권 과밀억제권역 내
적용 대상 법인	본점 또는 지점을 해당 지역에 둔 법인
적용 기간	법인 설립 또는 전입 후 5년 이내 부동산 취득 시
적용 대상 부동산	본점·주사무소용 건축물 및 그 부속토지 등

> **수도권 과밀억제권역**
> 수도권정비계획법에 따라 지정된 지역으로, 서울특별시 전역, 인천 일부, 경기도 일부 지역이 포함된다. 이 지역은 인구와 산업의 집중을 억제하기 위해 다양한 세제상 불이익이 적용된다. 단, 산업단지 내 부동산 취득 등 일부 예외가 존재한다.

법인설립 과정

법인을 설립하는 과정은 아래 절차에 따라 진행되게 된다.

세무사 및 법무사 상담	법원등기소 접수	세무서 사업자등록증 신청	은행방문
서류준비 1주일 정도 소요	법인설립완료 2~4일 소요	사업자 등록 완료 및 서류 1~3일 소요	계좌개설 1~2일 소요
등기접수	법인 관련 서류 수령	사업자등록증 수령	통장 공인인증서

세무사 및 법무사와 상담을 통하여 주주구성 및 사업관련 내용, 정관 등을 검토한 후에 법원에 관련 서류를 접수하여 법인을 설립한다.

그 후 영업활동을 위한 사업자등록을 세무서에 하고, 사업자등록증 등을 근거로 금융기관에서 계좌 등을 개설한다.

이런 일련의 절차는 단순해 보이지만 세세히 검토할 것이 많으므로, 전문가와 상담 후에 진행하는 것이 좋다.

> **참고자료**
>
> **10억 미만 주식회사 설립시 필요 정보 및 서류 (법무사 활용시)**
>
> 실무적으로는 대부분의 주식회사(법인)는 자본금 10억 원미만으로 설립된다.
> 대부분의 경우 법무사를 통해서 설립등기를 진행하고 이 때 필요한 것을 간단히 정리하면 다음과 같다.
>
> (1) 필요정보
>
> | 구분 | 비고 |
> |---|---|
> | 상호 | 관할 내 동일한 상호 등록은 불가 |
> | 목적사항 | 통계청 한국표준산업분류표 참고 |
> | 임원 성명 (주주 아닌 임원 1명) | 임원은 1명으로도 가능 (이 경우 해당 임원은 주주가 아니어야 한다.) |
> | 발기인 및 주주 구성 (지분율) | |
> | 본점 소재지 | 과밀억제권역(서울 및 대부분의 경기도)은 등록면허세 3배 중과 |
> | 자본금 | 최저 자본금 폐지 |
> | 1주당 금액 | Ex. 500원, 5,000원 등등 |
>
> (2) 필요서류
>
> | 구분 | 비고 |
> |---|---|
> | 임원 | 인감도장, 인감증명서 1통, 주민등록등(초)본 1통 |
> | 주주 | 도장, 주민등록등본 1통 |
> | 발기인대표(주주대표) | 은행 잔고증명서 1통 |
>
> ※ 아래 서류도 제출해야 하지만, 법무사 사무실 등을 통해서 작업되기에 직접적으로

작성하지는 않는다.
: 제출서류 – 정관, 발기회의사록, 조사보고서, 이사회의사록, 주식발행동의서,
　　　　　　주식인수증, 취임승낙서

10억 원 미만 법인 전자등기로 신행시 필요서류 등

필요서류	비고
잔액증명서	주주 한 명의 개인계좌에 자본금 이상 금액이 있는 증명서 필요 (스캔본) ※ 개인사업자 통장의 금액은 인정되지 않음.
임원 및 주주	주민등록등본(스캔본)
미성년자 주주	기본증명서(스캔본) 가족관계증명서(상세)(스캔본)

추후 법무사 사무실에서 전자등록을 마친 후에 은행 공인인증서로 인증하여 접수 완료 주주 및 임원 모두가 공인인증서로 인증해야 하며, 미성년자 주주가 있는 경우는 부모가 대리인으로 인증한다.

10억 원 주식회사 설립시 필요 정보 및 서류 (법무사 활용시)
⑴ 필요정보 : 10억 원미만 법인설립시 필요정보와 동일하다.
⑵ 필요서류 : 10억 원만 법인설립시 필요서류와 동일하다. 단, 해당 서류에 대한 공증 등의 추가 작업이 필요하다.

법인 설립 신청서 제출후 수령 소요 시간
법원 등기소 신청 후 3~5 영업일이 소요된다.
등기 완료되면 인감카드, 법인등기부등본, 인감증명서를 교부 받을 수 있다.

사업자등록증 신청
제출서류 : 법인등기부등본, 임대차계약서 등, 정관, 주주명부, 법인도장
　　　　　 인허가서/신고필증 (필요한 경우만 제출)

사업자등록증 수령 소요 시간
관할 세무서에 사정에 따라 다르나, 영업일 기준으로 3일내 수령 가능하다.

금융기관 등에서 계좌 개설
사업자등록증 수령후 금융기관 등에서 계좌 개설 가능하다.

일반적으로 거래 계좌는 당일 개설 가능하지만, 한도제한계좌로 발급되므로 거액의 입출금이 필요할 경우 사전에 은행과 상의 해야 한다.

CHAPTER 8

2025 영리법인 200% 활용법

법인 자산 및 비용 관리 방법

Chapter 08 법인 자산 및 비용 관리 방법

1 비용 관리의 중요성

법인세는 법인에서 발생한 이익에 부과되고 이익은 매출에서 비용을 차감한 개념이다. 법인세에서 인정되는 비용(세법에서는 손금이라고 한다)은 법인이 돈을 벌기 위해 필수적으로 지출한 금액 중 세법에서 인정하는 항목으로 이런 비용들은 법인세를 계산할 때 매출에서 차감할 수 있다. 따라서 비용으로 인정받으면 법인세를 줄이는 효과가 있다.

법인세법에 어떤 것은 비용으로 인정될 수 있고 어떤 것들은 인정이 안되는지 복잡하게 나열되어 있으나, 이번 장에는 복잡한 내용은 다루지 않고 가족들로 구성된 소규모 영리법인에서 주의해야 할 비용처리에 대해서만 살펴보겠다.

2. 비용의 예시

다음과 같은 비용들이 법인세에서 비용으로 인정받을 수 있는 대표적인 사례들이다.

① 인건비 → 직원 급여, 4대 보험료, 퇴직금
② 임차료 → 사무실, 공장 임대료
③ 원재료비 → 제품을 만들기 위한 원재료 구입비
④ 광고비 → 신문, 인터넷 광고비
⑤ 접대비 → 거래처와의 식사 비용 (법정 한도 내에서 인정)
⑥ 감가상각비 → 회사가 구입한 기계·설비의 사용 연한에 따라 나누어 비용 처리
⑦ 이자 비용 → 대출받은 돈의 이자 비용
⑧ 교육훈련비 → 직원 교육비
⑨ 소모품비 → 사무용품, 프린터 토너, 커피 등
⑩ 복리후생비 → 직원들의 간식비, 식사 비용 등

이 중 인건비, 접대비, 복리후생비에 대해 구체적으로 알아보겠다.

인건비

1. 급여

□ 비용으로 인정되는 급여

① 직원(근로자)에게 지급한 급여
- 근로계약서에 명시된 월급, 연차수당 등
- 급여 지급 시 급여대장 작성 및 계좌이체 증빙 필수
- 4대 보험 신고 및 원천세 신고 완료

② 임원 급여 (정상적인 범위 내에서 지급된 경우)
- 정관 또는 주주총회(이사회)에서 승인된 급여
- 동일 업종의 유사 법인과 비교하여 과도하지 않은 금액
- 대표이사의 급여도 정관 및 이사회 결의에 따라 지급된 경우 인정

□ 비용으로 인정되지 않는 급여

① 대표이사 및 임원에게 과다하게 지급된 급여
- 동일 업종, 유사 규모의 기업과 비교하여 지나치게 높은 임원 급여
- 정관 또는 주주총회 승인이 없는 법인의 이익을 초과하는 고액 급여
- 국세청에서 비용으로 인정하지 않고 손금불산입(추가 세금 부과) 처리

② 근무하지 않은 가족·친인척에게 지급한 급여 (가공 급여)
- 실제 근무하지 않는 배우자, 자녀, 친척 명의로 급여 지급
- 급여대장·근로계약서 없이 급여 지급
- 국세청 세무조사 시 부인될 가능성이 큼

③ 급여 지급 증빙(계좌이체, 급여대장)이 없는 경우
- 현금으로만 지급하여 증빙이 불가능한 경우

- 급여 지급 기록(급여명세서, 급여대장, 원천세 신고 등)이 없는 경우
- 국세청 전산에 신고되지 않은 경우

④ 사업 목적과 무관한 인건비 (개인적인 용도 포함)
- 대표이사 본인의 사적 용도로 직원 급여를 지급한 경우
- 실제 근무하지 않는 가공 직원(유령 직원)에게 지급한 급여

2. 상여금

상여는 비용으로 인정되나 임원에게 지급되는 상여는 정관이나 주주총회 또는 이사회의 결의를 통한 상여금 지급 기준이 필요하다. 위의 지급 기준 없이 임의적으로 임원에게 지급되는 상여금은 법인세에서 비용으로 인정받지 못한다.

3. 퇴직금

직원에 대한 퇴직급여는 세법상 한도가 존재하지 않지만, 임원에게 지급되는 퇴직금은 세법상 한도가 존재한다.

임원 퇴직급여(퇴직금) 한도는 정관이나 정관에서 위임된 지급 규정에 따른다. 해당 정관 등에 관련 규정이 없는 경우 법인세법에서 정한(퇴직전 1년간 총급여액 × 10% × 근속연수)만 인정한다.

기업업무추진비(접대비)

기업업무추진비(업무와 관련된 지출 비용)는 과거 '접대비'로 불렸으며, 법인세법상 비용으로 인정받기 위해 일정한 요건을 충족해야 한다.

기업업무추진비는 거래처와의 관계 형성, 영업 활동, 경영 활동을 위해 사용

되는 비용을 의미하지만, 불필요한 사적 지출은 비용 인정되지 않는다.

□ 구체적인 인정 사례

① 거래처와의 공식적인 회의 및 식사 비용
- 법인의 영업 활동 및 업무 수행을 위해 거래처와의 미팅에서 발생한 식사비
- 카드 결제 영수증과 거래처 명단, 회의 목적이 기재된 증빙이 있어야 인정

② 거래처 또는 협력사 대상 선물(기념품) 구입 비용
- 설날, 추석 등 거래처에게 전달하는 합리적인 수준의 선물 비용
- 개인적인 용도로 사용한 경우 인정되지 않음.

③ 거래처와의 골프 비용 (업무 목적이 명확한 경우)
- 중요한 고객과 비즈니스 협의 목적으로 사용된 골프 비용 (세법상 접대비 한도 내)
- 단, 거래처 없이 임직원끼리의 골프 비용은 인정되지 않음.

□ 구체적인 불인정 사례

① 대표이사 및 임원의 개인 식사비, 사적 접대 비용
- 임원 개인이 가족, 친구들과 사용한 식사비

② 사적인 골프 비용, 유흥업소 비용
- 거래처 없이 임직원끼리의 골프 접대비용
- 유흥업소, 클럽, 노래방 비용(법인의 정상적인 사업 활동과 무관)

③ 증빙이 불분명한 현금 접대비 사용
- 카드 영수증 없이 현금으로 지급하고 증빙이 불명확한 경우
- 영수증에 거래처명이나 사용 목적이 기재되지 않은 경우

복리후생비

복리후생비는 법인이 직원들의 근로 의욕을 높이고 복지를 지원하기 위해 지출하는 비용을 의미한다.

복리후생비는 법인의 비용으로 인정될 수 있지만, 무조건 인정되는 것은 아니며 세법에서 정한 기준을 충족해야 한다.

□ 구체적인 인정 사례

① 직원들의 식대 지원
- 직원들에게 제공하는 식사비 또는 식권 지원
- 비과세 기준 월 20만 원 이하 지급 시 인정

② 임직원 체력 단련 및 건강검진 비용
- 직원 건강검진 비용(법정 건강검진 포함)
- 회사에서 운영하는 체력 단련 시설 이용비

③ 직원들의 경조사비 및 선물 지급
- 직원들의 결혼, 출산, 부모님 장례 등 경조사 지원금
- 명절 선물, 생일 축하 선물 등 지급

□ 구체적인 불인정 사례

① 대표이사 및 임원 개인 복리후생비
- 대표이사 또는 임원이 개인적으로 사용한 경조사비, 골프 비용
- 대표이사 가족의 의료비 지원

② 직원이 아닌 사람(친인척, 외부인)에게 제공된 복리후생비
- 직원이 아닌 사람(대표이사의 가족, 외부 거래처 등)의 복리비용
- 예: 대표이사 가족에게 명절 선물 지급

③ 법인과 무관한 사적인 용도의 비용
- 대표이사의 개인 식대, 가족 여행비, 명품 구입비 등
- 임원 개인이 사용한 헬스장·골프장 회원권 비용

CHAPTER 9

2025 영리법인 200% 활용법

법인 세무조사 사례

Chapter 09 법인 세무조사 사례

1. 법인 자금 유용

개인과 법인은 별개

법인은 법적으로 인정된 인격체로 법적인 권리와 의무를 가진다. 따라서, 법인 명의로 재산을 소유하고, 계약을 체결하며, 소송을 당하거나 제기할 수 있다.

법인은 사람이 아니지만, 법적으로 사람처럼 행동할 수 있도록 만들어진 존재이기에 돈을 벌고, 계약하고, 세금을 내는 등 독립적인 경제활동을 할 수 있다. 법인과 개인은 법적으로 각각 독립된 인격체로 간주되기 때문에 법인에서 발생한 이익을 주주나 대표이사가 함부로 가져올 수 없다. 법인의 돈을 법적 근거 없이 가져오면 횡령이나 배임이 적용될 수도 있고 세법상으로 여러 제재가 가해진다.

세무조사 사례

① 법인 자금을 통한 사주 일가의 사적 비용 지출 사례
  한 사주 일가는 법인 자금을 개인적인 용도로 사용하여 세무조사에서 적발되었다. 이들은 해외 유명 휴양지에 개인 소유의 호화 주택을 법인 명의로 취득하고, 그 유지비를 법인 자금으로 부담하였다. 또한, 해외 고급 호텔과 레스토랑에서의 개인적인 지출을 법인카드로 결제하는 등 법인 자금을 사적으로 유용한 사실이 밝혀져 관련 세금을 추징당하였다.

> ✓ 개인적인 지출(가지급금)전액을 대표이사 상여처분하고, 법인 손금불산입하여 법인세 및 가산세 부과
> ✓ 대표이사 본인에게 개인 소득세 & 가산세 부과

② 가공 급여 및 허위 수수료 지급을 통한 자금 유출 사례

중소형 회계법인에서 가공 급여를 지급하고 허위 수수료를 계상하는 등의 방법으로 법인 자금을 유용한 사례가 발견되었다. 이러한 부당 거래를 통해 법인 자금을 사적으로 유출한 사실이 확인되어 관련 세무조사에서 추징을 당하였다.

③ 법인 자금을 통한 사주 개인 자산 취득 사례

한 법인의 사주는 법인 자금을 이용하여 개인 자산을 취득하고, 그 비용을 법인 비용으로 처리하는 방식으로 자금을 유용하였다. 예를 들어, 법인 명의로 주택을 취득하고 사주가 무상으로 거주하면서 관련 비용을 모두 법인 비용으로 처리하였으며, 이로 인해 세무조사에서 법인세 및 소득세를 추징당하였다.

④ 법인 직원 퇴사 후 정산 지연금액(장기 존속하는 가지급금)

퇴사한 임직원에게 지급한 가지급금이 계속 남아 있는 경우 해당 금액에 대한 회수 의지가 없으므로 판단하여 대표이사에게 상여 처분하여 법인세 및 소득세를 추징당하였다.

이러한 사례들은 법인 자금을 개인적인 용도로 유용하거나, 변칙적인 회계 처리를 통해 자금을 부당하게 유출하는 행위가 세무조사에서 적발되어 막대한 세금 추징으로 이어질 수 있음을 보여준다. 따라서 법인 자금의 사용은 철저히 사업 목적에 맞게 이루어져야 하며, 관련 세법을 준수하는 것이 중요하다.

2. 영리법인(MSO) 거래 사례로 본 세금 추징

MSO(Management Services Organization)

MSO는 병원이나 클리닉 같은 의료기관을 대상으로 비의료적 서비스(운영, 인사, 재무, 마케팅, IT, 청소, 구매 등)를 제공하는 비(非)의료 법인이다. 즉, 의료 행위 자체는 하지 않고, 병원이 효율적으로 운영되도록 지원하는 역할을 한다.

병원과 MSO의 관계

병원(의료법인, 의사 개인 등)은 의료 서비스를 제공하고, MSO는 병원에 운영 관리 서비스를 제공한다. 이에 대한 대가로 병원은 MSO에 일정한 서비스 수수료(Management Fee)를 지급한다.

두 주체는 서로 법적으로 독립된 관계이다.

MSO 구조가 발생한 이유

많은 나라(특히 한국, 미국 등)에서는 "비의료인"이 의료기관을 소유하거나 직접 경영할 수 없다. MSO 구조를 통해 의료법 규제는 지키면서, 병원 경영을 전문적이고 효율적으로 개선하려는 노력의 일환이다.

 √ 병원은 환자 치료에 집중
 √ MSO는 경영/행정에 집중하여 경영 효율화에 집중

계약의 형태

서비스 계약(Management Services Agreement, MSA)을 체결한다. 계약서에는 제공할 서비스 내용, 수수료 산정 방식, 각자의 책임, 기간, 해지 조건 등이 명시된다.

MSO 법인 세무조사 사례

> **MSO의 의료비 수령 및 세금계산서 발행의 위법성**
>
> 서울 강남구에서 병원을 운영하던 의사 A씨는 두 개의 MSO와 병원관리 및 결제대행 계약을 체결했다. 이들 MSO는 환자들로부터 직접 의료비를 수령하고 세금계산서나 현금영수증을 발행한 후, 병원관리 및 결제대행 수수료를 공제한 금액을 A씨에게 지급했다.
>
> 2019년 세무당국은 이러한 거래 구조를 신용카드 위장가맹점 행위로 판단하고, A씨에게 2016년부터 2018년까지의 부가가치세 및 종합소득세 총 7억 원 이상을 경정 고지했다. A씨는 이에 불복하여 조세심판원에 이의를 제기했고, 일부 감액을 받았으나 최종적으로 법원은 A씨의 주장을 받아들이지 않았다.
>
> 법원은 다음과 같은 이유로 세무당국의 손을 들어주었다.
> √ 의료법 위반 : MSO는 의료인이 아니므로 환자에게 직접 의료행위를 하거나 의료비를 수령할 수 없다.
> √ 세금계산서 발행 주체의 부적절성 : 의료서비스를 제공한 주체는 의사 A씨이므로, A씨가 직접 환자로부터 의료비를 수령하고 세금계산서를 발행했어야 합니다.
> √ 세무처리의 위법성 : MSO가 의료비를 수령하고 세금계산서를 발행한 것은 허위 세금계산서 발행에 해당하며, 이는 세법상 위법 행위로 간주된다.

◆ 해당 사례를 통해서 확인 할 시사점

이 사례는 병원과 MSO 간의 거래가 실질을 잘 반영해야 한다는 것을 보여

준다. (실질과세 원칙) 즉, 의료 행위를 할 수 있는 자가 소득의 주체가 되어야하지, MSO(경영 지원 법인)가 소득과 수익의 주체가 될 수는 없다는 것을 강조하고 있다.

결론적으로 의료인이 의료서비스 제공과 관련된 모든 금전 거래를 직접 처리해야 하며, MSO는 병원 경영 지원 업무에만 그 역할이 국한되어야 한다는 것이다.

모든 법은 형식보다 실질을 중시하고 있다. 즉, MSO와 병원간의 계약 자체는 합법적일 수 있지만, 그 실질이 과도한 수익의 이전이라면 과세관청은 해당 거래를 적법하지 않은 거래로 간주 할 수 있다. 따라서, 병원과 MSO의 계약 및 회계처리를 위해서는 세무 및 법률 전문가의 자문을 받아 법적 리스크를 최소화하는 것이 권장된다.

저자 소개

조영복 세무사

(現)임앤조세무
회계사무소
대표세무사

- 학력
  - 서강대학교 경제학과 및 동대학원 경영학과 졸업
- 경력
  - 대신증권 토지보상 총괄기획업무 담당
    (김포 신도시 및 전국 9개 혁신도시 세무상담)
  - 부천대학 세무회계과 겸임교수
  - 서울시 마을 세무사(영등포구 여의도동 담당)
  - SH서울주택공사, 하나은행 WM센터, SC제일은행 PB센터,
    삼성화재 FP센터, 대신증권 등 공기업 및 금융기관 출강
  - 더존비즈스쿨 토지보상 전임교수 및 토지보상 아카데미 전임교수
  - 시흥하중 공공주택지구 주민대책위, 고양탄현 공공주택지구
    주민대책위, SK하이닉스 용인반도체 클러스터 비대위 등 자문세무사
  - 서울특별시장 표창장 수상(2019.12.20.)
  - 한국세무사회 공로상 수상(2015.06.18.)
- 저서
  - 토지보상 200% 활용법(도서출판 지식노마드, 2009년)
  - 초보자가 반드시 알아야 할 토지보상의 모든 것(더존테크윌, 2023년)

배기완 세무사

(現)세무회계
다함 대표세무사

- 학력
  - 서강대학교 경제학과 졸업
  - 세무사, 미국공인회계사 (AICPA)
- 경력
  - (前) 우리은행 협력 세무사 (용역 & 자문)
  - (前) SK텔레콤 협력 세무사 (용역 & 자문)
  - (前) 아이퀘스트(얼마에요 ERP) 협력 세무사 (용역 & 자문)
  - (前) 경기콘텐츠진흥원 협력 세무사 (자문 & 심사)
  - (前) 세무법인 KNP
  - (前) 세무법인 오늘
  - (前) Deutsche Bank (도이치뱅크) Finance
  - (前) IBK 중소기업은행 기획부
  - (前) 한국 휴렛패커드(HP)

신준우 세무사

(現) 태성회계
법인 세무사

- 학력
  - 서강대학교 경제학과 졸업
  - 세무사
- 경력
  - (前) 한국투자증권 PB전략본부 마케팅부 세무팀장
  - (前) 서울지방국세청 조사3국 조사관
  - (前) 마포세무서 개인납세과, 재산세과 조사관
  - 사학연금, 법무연수원, 서대구 산업단지 CEO 경제아카데미 출강
  - 국세청장 표창장 수상(2021.06.30.)
  - 서울지방국세청장 표창장 수상(2019.12.31.)

영리법인 200% 활용법

초 판 발 행 :	2025년 9월 5일
저 자 :	조영복, 배기완, 신준우
발 행 인 :	(주)더존테크윌
주 소 :	서울시 광진구 자양로 142, 청양빌딩 3층
등 록 번 호 :	제25100-2005-50호
전 화 :	02-456-9156
팩 스 :	02-452-9762
홈 페 이 지 :	www.etaxkorea.net

ISBN 979-11-6306-130-4
정가 15,000원

- 파본은 구입하신 서점이나 출판사에서 교환해 드립니다.
- 이 책을 무단복사, 복제, 전재하는 것은 저작권법에 저촉됩니다.

※ 더존테크윌 발행도서는 정확하고 권위 있는 내용의 제공을 목적으로 하고 있습니다. 그러나 그 완전성이 항상 보장되는 것은 아니기 때문에 적용결과에 대하여 당사가 책임지지 아니합니다. 따라서 실제 적용할 때에는 충분히 검토하시고, 저자 또는 전문가와 상의하시기 바랍니다.